三产融合背景下
生鲜产品安全供应体系研究

程 琦 著

科学技术文献出版社

SCIENTIFIC AND TECHNICAL DOCUMENTATION PRESS

·北京·

图书在版编目（CIP）数据

三产融合背景下生鲜产品安全供应体系研究 / 程琦著. —北京：科学技术文献
出版社，2018.7（2019.7重印）

ISBN 978-7-5189-4622-8

Ⅰ.①三…　Ⅱ.①程…　Ⅲ.①农产品—供应链管理—研究—中国　Ⅳ.①F724.72

中国版本图书馆 CIP 数据核字（2018）第 146038 号

三产融合背景下生鲜产品安全供应体系研究

策划编辑：周国臻　戴　妍　责任编辑：刘　亭　责任校对：张吲哚　责任出版：张志平

出　版　者	科学技术文献出版社	
地　　　址	北京市复兴路15号　　邮编 100038	
编　务　部	（010）58882938，58882087（传真）	
发　行　部	（010）58882868，58882870（传真）	
邮　购　部	（010）58882873	
官 方 网 址	www.stdp.com.cn	
发　行　者	科学技术文献出版社发行　全国各地新华书店经销	
印　刷　者	北京虎彩文化传播有限公司	
版　　　次	2018 年 7 月第 1 版　2019 年 7 月第 2 次印刷	
开　　　本	710×1000　1/16	
字　　　数	153千	
印　　　张	10.75	
书　　　号	ISBN 978-7-5189-4622-8	
定　　　价	48.00元	

前　言

　　食品的安全供应一直是广受社会关注的热点问题，但至今尚未形成有效的保障机制，很大程度上在于食品的安全供应过程存在众多的参与主体和环节，其中涉及利益、技术和监控体系等众多问题。三产融合是有效实现现代农业、农产品加工业和现代服务业协调发展的重要方式，可以为食品的安全供应提供良好的产业基础，现阶段，乡村振兴正在成为我国社会发展的重要课题，在乡村振兴的政策引导下，三产融合正在逐步成为农村农业发展的重要产业模式。生鲜产品是消费者日常消费频次高的产品，由于其易损性、鲜活易腐性和规格多样性等特点，安全供应难度较大，三产融合的产业模式很大程度上为利益分配、保鲜技术利用和供应链的监控等提供了可能的途径，因此在三产融合背景下有可能可以构建有效的生鲜产品安全供应体系，为食品安全提供可供参考的模式。

　　基于这样的背景，依托武汉轻工大学生鲜食品研究的相关研究基础，作者针对如何在三产融合背景下构建有效的生鲜产品安全供应体系进行了思考，从生鲜产品供应体系现状与模式、生鲜产品供应中食品安全问题、生鲜产品供应链影响食品安全的途径、农村三产融合理论与实践模式、三产融合优化生鲜供应链机制、基于三产融合的生鲜安全供应体系构建6个方面，对这一问题进行了分析与探讨，希望能够为这方面的研究者和从业者提供启示和参考。

本研究得以完成，首先要感谢武汉轻工大学为作者提供的良好工作环境和校立科研项目的资助，让作者能够安心开展研究；更要感谢撰写过程中武汉轻工大学领导和同事的大力支持，正是他们的持续支持和指导才使得本著作能够呈现给大家，尤其是感谢湖北省生鲜食品工程技术研究中心、武汉轻工大学微生物与食品研究所的同事在专业知识上给予的指导和帮助；最后感谢在研究过程中分担了本应属于作者应该承担的大量家庭事务的家人。

由于作者学识有限及进行相关研究的时间不长，对这一问题的研究尚处于初步阶段，不当之处在所难免，请各位同行和读者批评指正。

程　琦
2018 年 5 月于常青花园

目　录

1 生鲜产品供应体系现状与模式分析

1.1 生鲜产品的生产现状与主体分析

1.1.1 分散农户是现有植物源生鲜产品生产的主体

1.1.1.1 农户小规模分散经营是我国农业生产的主要形式

人多地少是我国的基本国情，虽然当前我国农村劳动力转移就业人数已占一半以上，多种形式适度规模经营快速发展，但务农劳动力仍然数量庞大，加之农业兼业化和休闲化现象的存在，农户小规模分散经营仍是农业生产的主要形式，而且可能在相当长时期内还难以从根本上改变。我国自改革开放以来，特别是实行家庭联产承包责任制以来，农户已经成为广大农村投资、经营等经济活动的主体，是农村土地利用最基本的决策单位。随着我国工业化、城市化进程的不断加快，农业的市场化改革，尤其是粮食市场和劳动力市场的开放，导致农户资源分配和生产目标发生重大变化，农户在生产作物选择上拥有更大的空间和自由度。

1.1.1.2 分散农户种植鲜活农产品效率相对低下

据统计，种植业年劳动生产率在 2 万元/人左右，不足同期二产的 30%，约为三产的 40%；粮食作物年劳动生产率更低，为二产的 20%，不足三产的 30%。农业产业链短且窄，上游的科技研发能力较弱，下游农产品加工、储运、销售等诸多环节发展滞后，生产各环节之间无法发挥协同效应，制约价值链的实现。此外，产业化和城镇化发展也不协调。在城镇化过程中，忽视了生产要素的集聚和整合，人为地割裂城镇化和工业化、农业产业化的联系，产业培育滞后于城镇化进程，使得农村劳动力大量流向城市，出现了农业副业化、农户兼业化、农村劳动力弱质化、农村"空心化"等一系列问题。

1.1.2　动物源生鲜产品养殖主要以小规模养殖场为主

1.1.2.1　小规模养殖场的基本特征

总体上看，动物源生鲜产品养殖的组织化程度低，养殖业仍以多、小、散的行业格局为主。例如，生猪养殖，从行业集中度来看，目前国内养猪业排前 10 名的公司和品牌，市场占有率仅 1%~2%；蛋鸡行业，农户散养和农村专业户饲养的小规模养殖方式占整个饲养总量的 70%~80%。小规模养殖场具有以下特征：从组织特征上来看，小规模养殖场是农业生产经营组织和家庭组织的统一体，二者是高度重合的，生产经营组织成员靠血缘、亲情关系联结，没有也不可能有任何内部契约关系；从行为特征上来看，小规模养殖场基本上延续了"小而全""自给自足"的生产经营方式，以经验式、封闭式为主进行生产经营，生产经营决策几乎依赖于经验和主观意识。

其优点在于：①小规模农户养殖场的精细化程度较高，饲料成本相对较低；②小规模养殖能够将养殖粪便等对环境有污染的垃圾在养殖过程中以有机肥的形式将养殖垃圾处理掉；③小规模养殖场饲养品种转换的灵活度高，能够根据市场的变化及时变换饲养品种。其缺点在于：①小规模养殖户大都缺乏技术、管理方面的知识；②小规模养殖场组织化程度低，缺乏与规模化养殖场之间利益的有机联合；③资金缺乏，抵御市场风险能力较差。

1.1.2.2　小规模养殖场运行技术水平偏低

（1）场址的选择不合理

许多小规模养殖场随意选择场地，在村寨空闲地选择建场，不考虑防疫隔离条件，粪便污水的排放，导致疫病难以控制，规模难以扩大和升级为标准化养殖场。

（2）规划及布局混乱

在建场之前，没有专业技术人员进行科学规划设计。圈舍较矮小，建筑不规范，建筑质量较差，通风条件较差。

（3）基础设施较差

多数养殖场没有安装自动饮水器，养鸡场保温设施较差。缺乏降温消毒系统。疫病防治器械不全。有相当数量的养殖场地是利用住房或因资金限制建起的简陋的饲养场。

（4）品种选择不当

不根据当今市场发展需要选择品种，而任意选择本地品种，且不会选优去劣进行培育，不进行杂交改良，导致生产性能低下。

（5）饲料选择及搭配不合理

不根据畜禽的营养需要配制饲料，只会用一种饲料饲喂到底。辨别饲料品质好坏能力低，发霉变质的饲料舍不得丢掉而进行饲喂。

（6）饲养管理不当

缺乏饲养管理经验，不根据畜禽的生活习性及不同生长阶段进行饲养管理，不制定相应的管理制度和管理流程，防疫意识淡薄，免疫程序不合理。

1.1.2.3　动物源生鲜农产品养殖成本与效益存在较大的波动

以云南地区生猪产业为例，2010 年下半年和 2011 年，活大猪的成本远远低于价格，价格一度达到历史最高 19.8 元/kg，而成本却维持在 14 元/kg 左右，此时养殖户获取了利润，而到了 2012 年下半年活大猪的成本和价格基本持平，都保持在 14 元/kg 左右，养殖户保持盈亏平衡的状态，2013 年以后，成本基本保持不变，而价格出现了较大的波动，尤其是 2014 年，活大猪的价格出现剧烈波动，价格滑到 10.5 元/kg，给养殖户造成了巨大的损失。

1.1.3 农民专业合作社和家庭农场是生鲜产品生产的重要形式

1.1.3.1 家庭农场的基本特征及其发展趋势

（1）家庭农场的基本特征

2013 年中央一号文件首次提出"家庭农场"的概念，所谓家庭农场，是指以家庭成员为劳动力，以农业收入为主要来源的农业经营单位。家庭农场要具备 3 个显著特征：一是具有一定规模，以区别于小农户。其规模下限是足以获得满足家庭成员消费的收入所达到的规模，低于这一规模就难以对职业农民形成吸引力；其上限是在现有技术条件下，家庭成员所能经营的最大规模。二是以家庭劳动力为主，这一点用以区别于工商资本农场的雇工农业。家庭农场强调以自家劳动力为主要劳动力，其特点就在于既保留了农户经营农业的优势，符合农业生产特点的要求，同时可以克服小农户的弊端，是新型职业农民培育的必要条件和现代农业组织的基础。三是要进行工商注册。家庭农场是农业企业的一种，不同于承包大户、专业户等，只有注册为家庭农场才能获得国家认可，便于识别和政府管理与政策支持。那些在乡村具有稳定的承包面积和稳定生产预期的承包大户，可以通过登记注册转化为家庭农场。

（2）家庭农场的发展现状

据农业部调查，截至 2014 年年底，经营面积在 3.3 hm² 以下的家庭农场有 34.78 万个，占全国总数的 39%；经营面积为 3.3～6.7 hm² 的约有 22.26 万个，占全国总数的 26%；经营面积为 6.7～33.3 hm² 的约有 16.34 万个，占全国总数的 19%；经营面积为 33.3～66.7 hm² 的约有 11.32 万个，占全国总数的 13%；经营面积在 66.7 hm² 以上的约有 2.34 万个，占全国总数 3%。在全国的家庭农场中，从事种植业的、养殖业的分别有 40.95 万个、38.28 万个，分别占总数的 46.7%、45.5%；从事种养结合的与其他行业的较少。

1.1.3.2 农民专业合作社对农产品质量安全监控的作用分析

小规模分散经营是导致农产品质量监控困难的重要制度因素，只有提高农民的组织化程度才能有效实施农产品的质量标准，农民合作社是适应这种市场需求的有效组织形式。农民合作社是与农户家庭经营相辅相成的组织形式，其产生和发展主要是补充家庭分散经营所存在的组织缺位和功能缺失。从农产品质量安全管理的角度看，农民合作社的优势主要表现在以下几个方面：

①农产品质量安全管理的组织性，这是其首要优势。我国农户经营的最大弱点是多而分散，且农户的现代经营能力、产品安全生产能力和意识都十分微弱，让一家一户完成具有标准化水平的安全生产几乎不可能。农民合作社的优势恰恰是可以把分散的千家万户组织起来，实现由"小"而"散"到"大"而"合"的转变。农产品质量安全管理涉及多个环节的长链条，无论后面的环节和链条如何精致、完善，只要最初始的环节和链条是粗放的、无序的，那么后面的链条就会崩溃。因此，农民合作社的质量安全管理，是第一环节的管理，是整个质量安全管理组织系统中的初始环节。

②农产品质量安全管理的前端性。所谓前端性，是指农民合作社对农产品质量安全的管理，首先表现在生产过程的管理，进一步说，是对生产投入物的管理，是对生产环境的管理，是对产品形成要素的管理。这是农产品质量形成的第一台阶的管理，是产品质量的"胎盘"管理。如果一个农民合作社发挥产品质量管理功能的话，它会把管理的触角深入生产要素的管理方面，实行统一购买生产要素，购买质量有保证的生产要素，同时，可以进行产品生产标准化的管理等。

③农产品质量安全管理的可控性。由于农民合作社是农户的联合体，合作社社员以户为单位，谁家的质量如何，合作社可以掌握这些动态信息。哪一环节、哪一方面出问题，都能进入合作社的视野。如果没有合作社这一层次，只有产品的收购商，就无法控制产品生产过程中的质量瑕疵，即使偶尔发现了某一农户的产品问题，也无法改变产品本身的质量，进而可能会影响产品的整体质量。

④农产品质量安全管理的可溯性。目前，农产品质量安全可追溯系统已经在发达国家有效建立，这为我国提供了可资借鉴的经验。农产品质量的可追溯性，很大程度上依赖于农民合作社在其中所起的作用，农

民合作社为产品质量的可追溯机制提供了有效的组织载体。事实上，尽管现代科学技术提供了产品质量可追溯的技术载体，但没有组织载体的介入，可追溯机制也难以发挥作用，即使发挥作用也会大大提高运行成本。

1.1.4 资本驱动的农业产业化经营是集约化生产生鲜产品的主要形式

1.1.4.1 资本驱动的农业产业化现状

2013 年中央一号文件首次提出，鼓励和引导城市工商资本到农村发展适合企业化经营的种养业，利用社会力量增加农业的资金、科技和装备投入，引进先进的经营管理方式，加速传统农业改造和现代农业建设。资本下乡既可以撬动社会资本参与城乡一体化进程，也有利于实现农业生产经营方式由小农经济模式转变为规模经营模式。在国家政策支持和资本逐利性的作用下，工商企业纷纷携带资本，源源不断地涌入农村，参与到农业生产和农村建设当中。

农业部统计数据显示，截至 2012 年年底，流转进入工商企业的耕地面积达到 2800 万亩，占耕地流转总面积的比例超过了 10%，近年来更是呈加速发展的态势，2012 年和 2013 年土地流转面积增长率分别达到了 34% 和 40%。

1.1.4.2 资本下乡后形成的农业产业化经营组织模式

（1）"公司 + 农户"模式

"公司 + 农户"模式指的是公司和农户之间通过签订互惠合同，农户按照合同规定的农产品品种和数量进行生产和交付，而公司则按照合同规定进行采购、加工、销售，交易价格或利益分享规则也已在合同中予以约定。从资产专用性看，无论是农用土地、农业机械、农村人力资本，还是农产品销售和加工，都具有较高的资产专用性水平，这意味着农户需要承担较大的市场风险，而产业化经营组织模式通过签订购销合同，能够有效地规避市场风险，减少不确定性，降低交易费用，进而提高双方的经营效益。从交易的不确定性看，其主要包括信息不对称、消费者偏好改变及机会主义行为所带来的不确定性。从交易次数来看，农业产业化组织能够极大地降低交易的频率，其中通过中介组织进行交易比农户与公司直接进行交易的效率更高，交易费用也相对更低。

（2）"公司＋中介组织＋农户"模式

选择恰当的农业产业化组织方式，是实现交易费用节约和经济效率提升的关键所在。与"公司＋农户"模式相比，"公司＋中介组织＋农户"模式最大的特点在于，合作社不仅可以为农户提供生产资料采购和技术指导等服务，也能为公司提供集体收购和农产品初级加工等服务，同时还能够将公司制订的农业生产计划分解落实到具体的分散农户，从而更加有利于降低资产的专用性和交易频率、减少交易的不确定性。主要包括以下几种模式：

一是公司成立并主导合作社与农户对接。现实中，这一类型最为常见，绝大多数农业产业化龙头企业都采用这一模式。公司通过合作社建立起与农户之间的纵向契约关系，农业合作社相当于是公司的原材料采购基地。农业合作社的决策权和剩余收益分配权全部在于公司，农户则以合同工的形式参与到这一农业产业化经营模式当中。农户与公司之间并未形成风险共担、利益共享的所谓利益共同体。这种模式的运行特征在于，公司给合作社下达生产计划，同时为合作社提供生产品种选择、投入品供应、流动资金补充、生产技术指导、农业生产基础设施改善等方面的服务，经营风险由公司承担，农户作为公司雇佣的合同工，只需要按照公司为合作社下达的生产计划和指令进行生产即可，不承担任何经营风险，公司按照契约规定，依据农户生产产品的数量和质量，为农户支付生产报酬。

二是公司与农户共同领办合作社。采用这一合作类型的公司多属于小微企业，其资金实力无法与产业化龙头企业相比，因而更偏向于采用共同领办合作社的组织模式。公司和农户在合作社中按比例占有合作社股权，双方形成了一个初级的利益共同体关系，合作社组织内部不同所有者之间的要素契约代替了市场契约。这种模式的优势在于，第一，公司同时以所有者和经营管理者的身份参与到生产决策和经营管理过程中，从而有利于确保生产活动按照生产计划予以严格执行；第二，农户作为所有者和具体生产者，其可以直接参与到合作社的经营管理中，从而有利于较为充分地反映农户群体的利益诉求，便于保护农户的合法权益不受侵害。这一模式通过建立公司和农户之间的利益共同体关系，使得公司和农户的关系发生了根本性的变化，在一定程度上有助于改变农户群体处于弱势的状态，因而也能够促进农户的参与热情和生产积极性。

三是农户成立并主导合作社与公司对接。当农户和公司之间的利益冲突难以调和，农户的利益很可能严重受损，此时农户将有足够的动力和激励，自行组建合作社，以此与公司进行对接，从而扭转自身所处的不利局势和地位。在这种模式下，农户摆脱了公司对其的控制，因而具有充分的话语权，其通过合作社统一与公司进行谈判，两个独立的市场主体之间按照平等自愿的原则，签订合同契约，实现互利互惠。但是农户自办合作社，意味着农户需要承担较大的经营风险，这就对农户的抗风险能力提出了较高的要求。

四是农户自办合作社，合作社自办公司。与前面几种模式相比，这种模式实现了完全由农户主导的纵向一体化，农户具有完全的自主决策经营权。农户通过自办的合作社，按照市场需求状况及其预测，制订生产计划，不仅彻底摆脱了公司对农户生产的控制，摆脱了长期以来公司对中下游农产品加工和销售链条的限制，从而有利于农户及合作社拓宽生产链条，增加产品附加值，提高合作社经济效益，还可以与公司展开竞争，摆脱了在农产品供给中只能与供应链条的上中游环节竞争的局面，因而也有利于消费者福利的提高。然而，这种模式对农户的资金投入和经营管理与风险控制能力的要求较高。

1.2 生鲜产品销售途径现状与模式分析

1.2.1 农贸市场仍为生鲜产品销售的主要途径

1.2.1.1 集贸市场的现状

20世纪80年代开始，随着大大小小城乡农贸市场的建立，传统计划经济体制造成的农民"卖菜难"和城市居民"买菜难"的矛盾得到了有效缓解，并逐步形成了"农产品生产者—批发市场—农贸市场—消费者"的农副产品流通模式。改革开放以后，我国集贸市场逐渐由最初路边的地摊形式发展为村镇地区商品交换的重要场所。有数据显示，我国集贸市场的数量在改革开放初期约是3.3万个，到21世纪以后增长到约9万个，其中有大约2/3分布在小城镇和农村地区。仅从农产品集贸市场这部分来看，据统计，我国亿元以上农贸市场数量截至目前已超过1000个，并且其成交额在2013年突破了2.3亿元。

1.2.1.2 我国农贸市场的特点

城市居民消费者购买生鲜产品的场所一般集中在农贸市场、大型超市及各类餐厅等。其中，农贸市场作为我国20世纪80年代改革开放的重要产物，在数十年以来一直都是生鲜产品最为重要的买卖场所，在生鲜产品流通过程当中起着不可替代的重要作用。我国农贸市场一般呈现如下特点：一是农产品经营基本上呈现小农经济状态，经营管理上各自为战，布局上散乱无序，难以形成规模优势和群体优势，不能满足我国发展社会化大生产、大流通的需要。二是市场法规建设滞后。农产品交易市场缺乏市场法规的约束，造成市场内不良现象屡有发生，甚至发生不符合卫生检疫标准的商品不断涌入市场，严重危害了和威胁着消费者的健康和利益。三是市场自身的管理水平较低，功能还不完善。农贸市场的投资主体多元化，谁投资，谁管理，谁受益。由此产生的后果是大部分经营者以老眼光来管理市场，只知收取摊位费，不在管理上下真功夫。没有人去考虑办一个农贸市场必须具备怎样的硬件设施、物业管理该提供怎样的服务。四是经营产品档次低,技术含量低。农贸市场经营的商品以初级农副产品为主,满足不了部分消费者对方便快捷的净加工生鲜副食品的需求。

1.2.1.3 农贸市场供应鲜活农产品存在的安全隐患问题分析

（1）农贸市场基础设施条件较为薄弱

农贸市场整体基础设施条件参差不齐。现在多数农贸市场基础设施进行了完善与改造,摊位也相对整齐规整,但仍然存在着基础设施较陈旧、排污能力较弱、经营和购物环境较差等现象,存在着明显的食品安全隐患。

（2）农贸市场检测手段和力度欠缺

受限于现有的技术水平和技术手段,目前在农贸市场上能检测的项目并不多,比较好的农贸市场虽然设有专门的检测室,每日摊贩进入市场都需要刷卡检查发票,其使用的秤都是市政府统一发放的可打印发票的公平秤。但检测项目主要是农药残留、甲醛、二氧化硫等指标,检测项目较少,类别不齐全。多数的农贸市场几乎没有正规的检测手段,进货渠道也不统一,较难保证食品安全。

（3）农贸市场监管体制不完善

农贸市场主要依靠市场管理人员进行监督,但目前农贸市场都是私人承包制,处罚的权限有限,无法充分发挥管理人员的主观能动性。消费者普遍认为监管人员的执行力度有待提高。对于监管部门来说,监管每批次货物成本太高,技术上也有难度。

1.2.2 生鲜超市已经成为生鲜产品销售的重要途径

1.2.2.1 生鲜超市的概念与内涵

生鲜超市是指类似于家电超市、建材超市等业态形式,专门从事生鲜食品经营并结合现代超市经营理念的专卖店和专业店。近年来,顺应国民收入水平日益提高、国民消费意识不断提升的发展趋势，各级政府大力推行"农改超"的力度不断加大，"连锁生鲜超市"发展迅速，其正以购物环境干净卫生、商品品质安全放心、配送渠道高效快捷等优势而被国内越来越多的消费者认可与选择。

1.2.2.2　生鲜超市发展现状

20 世纪 90 年代，大型连锁超市开始设立专门的生鲜蔬菜等农产品区。但是，由于经营成本和管理成本相对较高，使得售卖价格高于农贸市场，现实的价格对比和消费的惯性导致超市在生鲜蔬菜交易量和交易品种方面明显弱于农贸市场。

2002 年，农业部下发了《关于发展农产品和农资连锁经营的意见》，提出利用农资连锁经营来提高流通效率，实现生产与市场的有效对接。小规模生鲜连锁专卖店兴起。随着冷藏技术和运输流通业的发展，一些从事粮油、生鲜等农产品批发贸易的个体和公司开始拓展原有的业务链条，催生了小型生鲜超市的出现。在市场竞争中，小型生鲜超市逐渐发展成连锁经营模式。经营的产品包括果蔬、肉类、水产品，稍大的连锁生鲜超市内的经营品种还包括熟食和面包等现场加工品类。在品种逐渐丰富的同时，由于其规模化的采购和物流优势，使其售卖的蔬菜类产品价格明显低于农贸市场，专业化的质量检验使其产品质量得到保证。满足了现代人多样化和差异化的需求，还让人们体验到一站式购物的便利。生鲜超市在潜移默化地改变着人们的生活方式，使人们的生活质量有了质的飞跃。据资料显示，2013 年，生鲜连锁零售企业的统一配送比为 80.5%，说明生鲜连锁超市的配送能力已经大大提高。2015 年以来，单独售卖生鲜产品的连锁超市如雨后春笋般在黑龙江省的哈尔滨和大庆等城市出现，抢占了农贸市场的市场份额。2016 年 4 月，沈阳地利生鲜连锁超市有 5 家门店同时开业，通过"农超对接"实现产地价直供消费者的方式，使消费者购买到质高价低的产品，享受到一站式购物的便利；而其遍布社区、方便购买的经营理念使生鲜超市售卖的生鲜产品得到了广大群众的认可，使其市场占有率快速上升。

1.2.2.3 典型生鲜超市建设模式

（1）盒马鲜生

线下生鲜超市和线上电商的结合——盒马鲜生以实体店为核心，采用"线上电商＋线下门店"的经营模式，门店承载的功能较传统零售进一步增加，集"生鲜超市＋餐饮体验＋线上业务仓储"三大功能为一体，该模式做了两个维度的创新：生鲜超市零售与餐饮的结合。所购生鲜可在餐饮区直接加工，在提升生鲜转化率的同时带动线下客流增长。线上订单通过门店的自动化物流体系实现配送。该模式的难点在于店内分拣，这一环节盒马鲜生通过电子标签、自动化合流区等新技术实现效率提升。由于电商业务共享了线下门店仓储配送体系，仓储成本更低，且通过门店配送周边客户的时效性也更强。经营特征上实现了控货和数据获取，采用了新技术提升效率。

（2）百果园：专注小而美的社区生鲜店

百果园是集果品生产、贸易、零售为一体的水果专营企业，2001年于深圳成立，目前已经在 24 个城市开设 1700 多家门店。百果园快速发展的核心逻辑在于"高频次低客单的品类"会逐步进入社区店，百果园就属于这类社区店，单店面积为 20 ~ 30 m^2，无须"最后一公里"配送，因此对客单要求较低，百果园客单在 40 ~ 50 元，低于盒马鲜生和易果生鲜。公开资料显示，百果园 2015 年销售额达 32 亿元。

1.2.2.4 生鲜超市未来发展趋势

（1）稳固市场占有率，努力创建生鲜连锁品牌，提高社会的认可度

任何一家企业想要在一个行业做出成绩，都必须保持一定的市场占有率。生鲜超市每年都以一定的速度在全国范围新开门店，保持扩张的态势，稳固自己的市场占有率。中国农产品行业品牌建设是一个发展前途非常大的新领域。生鲜超市要想在农超对接模式中获得更好的发展，不断扩大主营业务收入，就应当要注重农产品自有品牌的建设。只有这样，才能在不断深入的市场竞争中提高自身的竞争力，提升品牌影响

力。如永辉超市,自有农产品品牌"半边天"蔬菜系列就是一个成功的例子。

(2)"超市+专业物流中心+农业基地"联合发展模式

建立"超市+专业物流中心+农业基地"联合发展模式,就是将售前、售中和售后供应链结合起来。社区生鲜超市作为售前,直面消费者,将生鲜产品推送到消费者面前,形成销售;建立专业的物流配送,负责售中环节,各大企业联合培育,建立冷藏仓库、冷链运输,完成生鲜产品的仓储、运输和配送等工作;农业基地负责售后环节,生产生鲜产品,提供生产种植、技术服务,提供产品等,实现超市、专业物流中心、农业基地的信息共享和快速传递。

(3)农社对接,直销配送模式

建立农民专业合作社,现在我国农产品生产不够规模化,呈现出分散的特征,小生产和大市场之间存在矛盾。可以建立农民专业合作社,建立农社对接社区生鲜超市,让农民也参与到销售和推广当中来,这种直销模式可以使农民更多地接触市场,了解市场情况,根据实际生产相关生鲜产品。这种模式已经呈现推行趋势,但是能否成功与农民合作社的经营能力、经济规模有很大的关系。目前,我国已经建立的农民专业合作社普遍规模小、服务对象少而单一,物流配送体系缺乏,配送的成本较高。但是,这种模式有效解决了供需不对称的矛盾,只要政府加大引导力度,完善制度的建立,这种模式具有很大的发展前景。

(4)采用O2O模式对生鲜企业进行优化升级

城市工作压力大、时间紧,大多数年轻人不再喜欢出门买菜,"生鲜上门"作为一种新的销售模式迎合了人们的需求,成为大众乐于接受的销售经营模式。生鲜企业应进行企业优化转型,在传统的经营模式下增加O2O模式,即线上交易与线下配送相结合。但要想将此类服务推向大众市场,需要有遍布全市的大型连锁超市和完善的物流体系。目前,在北京、上海等一线城市"生鲜上门"的服务已经出现,但在哈尔滨还未大面积发展和普及。较为典型的有天猫闪电、京东到家,这类配送多是电商与生鲜企业合作,为消费者提供优质的生鲜送货服务。因此哈尔滨市要发展生鲜上门服务应从大型的生鲜连锁超市入手,如地利生鲜、永辉超市等，可设立专门的网上销售服务部门，与电商企业保持密切长期的合作。

1.2.3 生鲜电商为生鲜产品销售的发展趋势

1.2.3.1 生鲜电商发展现状

生鲜电商，是一种在互联网上直接向用户销售水果、蔬菜和肉类等生鲜农产品的电子商务模式。2012年被视为生鲜电商元年，在这一年中，各个电商巨头纷纷加入到生鲜电商的行业之中，同时在我国国家政策与市场需求的引导下，生鲜电商迅速崛起。2010年我国生鲜电商市场交易规模仅为4.2亿元，到2012年增至35.6亿元，说明在2012年生鲜电商市场总规模呈井喷式增长，总规模是2011年的4倍左右，增速为239%；2013年达到126.7亿元，增速为255.8%；2014年，市场规模上升至275亿元；2015年，市场规模再度上升为497.1亿元，增速为80.8%。纵观6年的总量和增速可知，生鲜电商市场总规模呈直线上升的趋势，并且增速呈现先升后降的特征，原因在于生鲜的高毛利及其他利好，电商们纷纷涉足生鲜领域，在2012年规模增速达到最高，但冷链物流成本居高不下、市场需求相对来说还小，行业产生泡沫，所以继2012年拐点之后，增速不断下降。

1.2.3.2 生鲜电商主要发展模式

（1）综合平台+服务体验

生鲜电商企业通过互联网实现各主体间信息的多维互动，借助于电商网络平台，简化了交易流程，消费者在电商综合平台下单订购，平台有效联结供应商、物流商，在最短的时间内实施供应链管理，尽最大可能地保证了商品的生鲜度，有效降低交易成本。一方面，拉近供应商和消费者的距离，让优质的生鲜产品能推广出去；另一方面，订单农业也降低了生产者的生产成本和风险。例如，天猫、京东等综合型电商利用自身平台和流量优势，把控生鲜供应链的整体运营能力，从产品质量、供货渠道、网络运营、冷链物流、售后服务等方面为用户提供高品质的一站式购物服务。有效保证生鲜产品的质量,获得客户良好口碑,提升产品服务价值,保持企业差异化竞争优势。

(2)垂直供应链 + 品牌效应

生鲜电商的垂直供应链包括上端的生产基地、中端的冷链物流、末端的用户群体。生鲜电商企业适合首选本地市场进入,并选择垂直品类的特色产品,有效整合垂直供应链,包括上端生鲜产品供应的质量检测、中端生鲜产品的仓储流通建设、下端深入终端用户社区等,从供给端促进优质生鲜产品的品牌化,从品牌化促进垂直供应链的良性竞争。从生鲜电商的实际运营来看,自营物流的终端可以直接收集客户的实际需求信息,大大缩短采购、储存、发货的时间,切实提高生鲜产品的保鲜程度。例如,中粮我买网凭借强大的供应链资源和品牌效应,建设冷链物流,还精选国外的美食与地方特产,实现从"田间到餐桌"的垂直产业链战略管理模式。

1.2.3.3　典型生鲜电商发展模式

(1)京东生鲜

2016 年 1 月,京东生鲜事业部(以下简称"京东生鲜")正式成立,其坚持以"让消费者吃得更好一点"为宗旨,致力于让产品更加优质、服务更加出众、体验更加完善。通过原产地直采、优化农产品销售渠道、冷链物流网络建设,希望为整个行业的可持续发展做出标杆性引领。通过一年多的发展,京东生鲜从业务规模、冷链基础设施到配送等方面能力得到全面提升。

在业务规模上,京东生鲜已签署合作协议的供应商(POP + 自营)超过 2000 个,包含海鲜水产、水果、蔬菜、肉禽蛋品、速冻在内的各个品类;在冷链仓储上,京东生鲜在全国拥有十大专属冷库,覆盖深冷层(-30 ℃)、冷冻层(-18 ℃)、冷藏层(0 ~ 4 ℃)、控温层(16 ~ 25 ℃),各温区通过温湿度实时监控管理,全面保障商品品质;在冷链配送上,截止到 2016 年 12 月,京东生鲜冷冻冷藏配送可覆盖全国 60 多个大中城市,控温配送可覆盖 243 个城市。在物流服务上,京东生鲜在核心城市实现"211"配送的基础上，进一步推出夜间配送服务（19：00—22：00）、精准达服务（配送时间精确到2小时以内），全面提升服务时效。

（2）顺丰优选

以全球范围内的优质安全美食为主要业务的网购商城——顺丰优选，是顺丰速运旗下的电商网站，成立于2012年5月31日，面向中高端客户群提供高端商品的服务，食品涉及范围覆盖了酒水饮料、母婴食品、休闲零食、营养保健品、生鲜食品、粮油副食、冲调茶饮、饼干点心、生鲜食品、特色时令等。目前顺丰优选的SKU总数巨多，超过了13 500个，而其80%左右的商品为进口食品。顺丰优选作为高端食品电商，也打算将自身的生鲜作为网站的第一大品类。并且顺丰集团在各地的业务网点会帮助顺丰优选在各地区进行直采，以确保产品质量，同时积极寻找特色产品，开阔产品的种类。

（3）家事易

家事易是较早进入生鲜电商的领军者之一，也是目前O2O战略布局较为另类的代表。在目前处于"蓝海"市场但成本高企的生鲜电商行业，家事易通过引入社区电子菜箱实现自提，降低了物流配送成本，成功进入日常生鲜电商领域。家事易作为武汉本地日常生鲜电商，于2010年12月正式上线运营，目前年销售规模已达近1亿元。但从网站流量来看，目前家事易网站流量尽管不是很高，但用户访问深度却远高于国内同类型网站，甚至有超过国外生鲜巨头Ocado的趋势。这充分说明了家事易网站的用户黏性高，更容易聚客。家事易O2O战略的核心技术在于通过使用具有知识产权的"电子菜箱"进行线下社区站点自提，这里的电子菜箱是一种基于物联网技术的电子商务配送储物终端，它可以让消费者自助自提所购商品，不仅提高配送效率，还能显著降低配送成本。家事易主要客户群有老人、居家妈妈，以及年轻白领这三类，其核心专利"电子菜箱"目前已覆盖武汉市800余个社区。上线初期，日均客户约10个，销售额不到300元；截至2013年年底，共铺设了约2.5万个电子菜箱，日均订单数达到五六千单，销售额近30万元，但客单价只有五六十元。

家事易 O2O 实现的流程是：用户在官网浏览下单，后台订单处理系统启动；之后，绑定订单的菜篮子开始电子化分拣，期间分拣员会将相应的菜放进菜篮；待分拣完成后，菜篮会按配送区域码放，并根据具体区域，由专人专车配送。配送到相应电子菜箱所在地之后，配送员会将全程冷链运输的新鲜蔬果、肉类等放进各居民区楼下具有 16 个冷藏箱的自提货柜，并通过 GPRS 技术，使电子菜箱能在投放蔬菜后自动发送短信通知订购客户，同日内客户取菜后菜箱还可被再次重复使用。而客户只需在方便的时间到自家楼下，通过刷会员卡、输密码或者远程开箱等方式打开自提柜，取走商品，完成交易。

1.2.3.4 生鲜电商发展需要解决的核心问题

（1）提高客户体验程度

生鲜电商与其他垂直电商行业的主要区别在于需要完善的冷链物流网络作为支撑，目前国内大多数生鲜电商企业均是败在了冷链物流的缺失上。从产品流动的角度来看，为保证货物的品质，生鲜产品从产地到客户手中需要经过至少 3 个环节，即产地到中转冷库的干线运输、货品在中转冷库的冷藏、货品由中转冷库向消费者的流通。目前，前两个环节做得比较完善，问题主要是出在最后一个环节上。从近年来生鲜电商企业发起的"樱桃专机""荔枝冷运""阳澄湖大闸蟹"等热门活动来看，宣传的噱头均是"冷链运输""产地直发"和"48h 到达"，但所谓的冷链运输均是采用将产品放置于含有冰块或冰袋的泡沫箱的模式进行运输。一方面，生鲜产品所需的温度通常在 0 ℃以上，且无较大温度波动，采用冰块运输本身就无法保证 0 ℃以上的温度，更别提恒温了；另一方面，各类生鲜产品均有特定的温度要求，混合放置无法全部保鲜。因此，这种"冷链运输"下的生鲜产品自然无法保证客户的体验。

（2）降低客单成本

由于冷链物流制欠缺和较高的损耗率，相较于普通电商，生鲜电商存在较大的经营难度，客单成本居高是其中的一个主要原因。据统计，生鲜电商平均每单的冷链物流成本至少为 30 元，同时行业平均损耗率高达 20%～30%，这就意味着生鲜电商的运营成本要远高于普通电商，生鲜电商企业要想盈利需要出售高利润的产品或者大批量的产品，在线下实体店如此发达的今天，要做到上述理想情况谈何容易。

（3）增加客户群体

由于生鲜电商成本过高，在其官网上售卖的通常都是附加值较高的产品，能够购买该类产品的客户需要同时具备经济能力和网络使用能力，因此客户群体不足是显而易见的。调查数据显示，每100个在网上购物的人，购买生鲜产品的只有1人，由此可见，线下商超、菜市场的吸引力依旧存在。

2 生鲜产品供应中食品安全问题分析

2.1 农资产品滥用是影响种养殖过程中农产品安全的主要因素

2.1.1 农药滥用是导致植物源农产品药物残留的主要因素

2.1.1.1 现阶段我国使用农药的主要类型

农药按主要用途不同，分为杀虫剂、杀螨剂、杀鼠剂、杀软体动物剂、杀菌剂、杀线虫剂、除草剂、植物生长调节剂等。按来源不同，分为矿物源农药（无机化合物）、生物源农药（天然有机物、抗生素、微生物）及化学合成农药三大类。矿物源农药是起源于天然矿物原料的无机化合物和石油的农药。它包括砷化物、硫化物、铜化物、磷化物和氟化物，以及石油乳剂等。目前使用较多的品种有硫悬浮剂、波尔多液等。生物源农药是指利用生物资源开发的农药。它包括动物源农药（如杀虫双、烯虫酯、昆虫性引诱剂、赤眼蜂等）、植物源农药（如除虫菊素、印楝素、丁香油、乙烯利等）、微生物源农药（井冈霉素、白僵菌、苏云金杆菌等）。化学合成农药是由人工研制合成，并由化学工业生产的一类农药，其品种繁多（常用的约300种）应用范围广，药效高。

在生鲜产品生产与供应过程中，杀虫剂、杀菌剂和除草剂应用较多，其中杀虫剂按组成成分分类，主要分为以下11类：A 有机磷类（磷酸酯、一硫代磷酸酯、二硫代磷酸酯、膦酸酯、磷酰胺、硫代磷酰胺、焦磷酸酯）；B 氨基甲酸酯类（N－甲基氨基甲酸酯、N，N－二甲基氨基甲酸酯）；C 有机氮类（脒类、沙蚕毒类、脲类）；D 拟除虫菊酯类（光不稳定性拟除虫菊酯、光稳定性拟除虫菊酯）；E 有机氯类；F 有机氟；G 无机杀虫剂（是以天然矿物质为原料的无机化合物）；H 植物性杀虫剂；I 微生物杀虫剂；J 昆虫生长调节剂；K 昆虫行为调节剂。杀菌剂主要有以下 8 类：A 有机磷类（二硫代氨基甲酸盐类、氨基磺酸类、硫代磺酸酯类、三氯甲硫基类）；B 有机磷酸酯类；C 有机砷类；D 有机锡类；E 苯类；F 杂环类（苯并咪唑类、噻英类、嘧啶类、三唑类、吗啉类、吩嗪类、吡唑类、哌嗪类、喹啉类、苯并噻唑类、呋喃类）；G 无机杀菌剂；H 微生物杀菌剂。除草剂主要包括以下 14 类：A 酰胺类；B 二硝基苯胺类；C 氨基甲酸酯类；D 脲类；E 酚类；F 二苯醚类；G 三氮苯类；H 苯氧羧酸类；I 有机磷类；J 杂环类；K 磺酰脲类；L 咪唑啉酮类；M 选择性除草剂；N 灭生性除草剂。

2.1.1.2　农药在环境中的行为分析

农药和其他有机化合物一样，当施用进入环境后会发生一系列的物理、化学及生物化学反应，如挥发、溶解、吸附、迁移、氧化、水解、光解及生物富集、生物代谢等，从而产生一系列环境和生态效应。土壤是最重要的环境要素之一，农药在土壤中的环境行为，包括滞留（吸附、结合残留等）、迁移（挥发、脱附、淋溶等）和转化（生物、化学及光降解）过程。农药进入水体的途径主要有：①农药直接施入水体。②土壤中的农药随地面径流或经渗滤液通过土层而至地下水。可溶性和难溶性的农药均可被雨水或灌溉水冲洗或淋洗，最终进入水体环境。③农药厂和其他农用化学品生产厂的污水排放导致大量农药进入水体。地表水体中的残留农药，可发生挥发、迁移、光解、水解、水生生物代谢、吸收、富集和被水域底泥吸附等一系列物理化学过程。大多数农药都是直接喷洒到植物体上或通过植物体根部吸收传导至植物组织内，从而起到杀虫和抑菌的作用。

2.1.1.3　农产品加工过程中农药残留变化

目前农产品中农药最大残留限量设定仍是以初级农产品为主要对象

开展的。然而，大多数农产品需要经过加工后才能被人们食用，由于加工工艺的不同，农产品中残留的农药水平和性质也会发生改变，如浓缩效应、代谢转化等。常见加工过程有清洗、去皮、高温（蒸煮和油炸）、榨汁、灭菌、发酵等。通常情况下，加工过程能降低农产品中的农药残留水平，如清洗、去皮等。一些加工过程由于农产品中水分的减少导致农产品中农药残留水平上升，如腌制、榨油等。

2.1.1.4 现阶段影响农药残留的主要因素分析

现阶段造成我国农产品中农药残留的主要因素包括药性（农药的药性决定其残留的程度）、使用不当、认识不足、农药存储不当等，这些因素的直接后果就是农药的滥用。我国是世界上化肥、农药使用量最大的国家。每年农药年施用量达到 130 多万 t，由于不合理使用农药，利用率仅为 30% 。任何一个农药品种都有其适合的防治对象、防治作物，有其合理的施药时间、使用次数、施药量和安全间隔期（最后一次施药距采收的安全间隔时间）。农民追求农作物产量和"无虫蔬菜"，在使用农药过程中存在使用的问题。具体表现为：使用时机不当，抓不住最佳防治期，不见病虫不喷药，防治效果非常不理想，例如，农药的残留期为 15 天，还有几天就收获了，继续使用农药，造成残留；滥用农药，肆意加大使用浓度及使用次数；喷药质量差，药液不到位，农民在给受害农作物施药时基本上是"从头淋到脚"。这样做不仅浪费了农药，造成了严重的农药残留，还污染了环境甚至杀死害虫的天敌。

2.1.2 兽药滥用是导致动物源农产品药物残留的主要因素

2.1.2.1 现阶段我国使用兽药的主要类型

兽药是指用于预防、治疗、诊断动物疾病或者有目的地调节动物生理机能的物质（含药物饲料添加剂），主要包括：血清制品、疫苗、诊断制品、微生态制品、中兽药、中成药、化学药品、抗生素、生化药品、放射性药品及外用杀虫剂、消毒剂等。

目前，畜牧养殖中容易产生兽药残留的兽药可分为以下 7 类：①抗生素类；②驱肠虫药类；③生长促进剂类；④抗原虫药类；⑤灭锥虫药类；⑥镇静剂类；⑦β - 肾上腺素能受体阻断剂。在动物源食品中较容易引起兽药残留量超标的兽药主要有抗生素类、磺胺类、呋喃类、抗寄生虫类和激素类药物。

抗生素类兽药可使动物机体中的耐药致病菌很容易感染人类；而且抗生素药物残留可使人体中细菌产生耐药性，扰乱人体微生态而产生各种毒副反应。目前，在畜产品中容易造成残留量超标的抗生素主要有氯霉素、四环素、土霉素、金霉素等。磺胺类药物主要通过输液、口服、创伤外用等用药方式或作为饲料添加剂而残留在动物源食品中。在近 15~20 年，动物源食品中磺胺类药物残留量超标现象十分严重，多在猪、禽、牛等动物中发生。在养殖业中常见使用的激素和 β - 兴奋剂类主要有性激素类、皮质激素类和盐酸克伦特罗等。目前，许多研究已经表明盐酸克伦特罗、已烯雌酚等激素类药物在动物源食品中的残留超标可极大危害人类健康。其中，盐酸克伦特罗（瘦肉精）很容易在动物源食品中造成残留，健康人摄入盐酸克伦特罗超过 20 μg 就有药效，5~10 倍的摄入量则会导致中毒。

其他兽药如呋喃唑酮和硝呋烯腙常用于猪或鸡的饲料中来预防疾病，它们在动物源食品中应为零残留，即不得检出，是我国食品动物禁用兽药。苯并咪唑类能在机体各组织器官中蓄积，并在投药期，肉、蛋、奶中有较高残留。

2.1.2.2　兽药残留的危害

兽药残留会对人体产生系列危害。一是引起中毒。例如，残留盐酸克伦特罗的猪肉被人类食用之后就会引起中毒，这是最常见的急性中毒。还有一些药物残留被人类食用之后，不会立即发病，而是过一段时间，药物累积到一定量时才会表现出中毒症状，这类症状分析起原因会更有难度。尤其是当孕妇食用这类动物性食品之后，对胎儿会造成致命的危害。磺胺类、霉素类是最常见的引起中毒的药物。二是引起过敏。低剂量的抗菌药物作用于人体会发生过敏反应，如青霉素及一些抗生素等。常见的过敏反应主要包括头晕、休克及水肿、呼吸困难等。磺胺类药物引起的过敏会使人体的白细胞减少，发生溶血性贫血；青霉素药物过敏严重时会产生过敏性休克死亡。过敏症状也与人的体质有很大关系。三是引起"三致"。致癌、致畸、致突变是常说的"三致"。致癌类药物主要有雌激素及砷制剂，这都是国家明令禁止使用的兽药；致畸形和致基因突变类药物包括一些常见的抗螨虫药物，在抑制细胞活性的前提下造成细胞的变异，对人类健康造成影响。四是污染生态环境。兽药使用之后，动物的排泄物中也会残留一定剂量的药物。如果没有进行妥善的处理，随意排放于大自然中就会造成有毒物质的累积，对自然环境造成不可恢复的影响，加大对人类的威胁。

2.1.2.3　兽药残留的原因分析

动物源生鲜产品中产生兽药残留的原因主要在于兽药的滥用。主要原因包括：一是抗菌药物的滥用。杆菌肽锌、黄霉素及恩拉霉素、金霉素、喹乙醇、土霉素、磷酸泰乐菌素等是国家允许的抗菌药物，这些药物在防止动物感染相关病菌进而保证动物健康成长上具有关键的作用。国家明确规定红霉素、链霉素及磺胺类药物的使用剂量，这些药物如果不按照规定私自滥用，不仅会造成病毒的抗药性增强，而且长时间使用之后毒性会发生积累，人类食用之后会有很大的安全隐患。尤其是一些致癌类物质后果更是不堪设想。二是抗虫药物的滥用。抗虫药物只有越霉素 A 及潮霉素 B 可以添加到兽药当中。其他的抗虫药物如敌百虫如果用量过大，毒副反应累积，对于禽畜动物的肝脏会造成不同程度的影响，人类食用之后会产生致癌效应。三是不遵守休药期。所谓休药期，就是指一种药物作用于动物之后，为了避免动物身上的病毒产生抗药性，则需要停止使用该药物一定时间；或者是在动物用药完成一段时间之后，才能运到屠宰场进行屠宰、上市，这期间的时间间隔被称为休药期。但是在经济利益的驱使下，很多养殖场主不按规定遵守休药期，在动物产奶或是出栏之前，没有停止使用药物，造成了药物的残留。这一行为是目前药物残留最重要的原因。四是用药量过大。随着我国养殖业越来越朝着规模化的方向发展，一些日常药物的抗药性已经相当强，因此为了达到既定的目标，很多农场主就会加大药物剂量，不仅对禽畜本身造成威胁，而且造成了药物的残留。

2.1.3 化肥过度使用是导致农产品重金属超标的重要因素

2.1.3.1 化肥的主要类型

化肥是指用化学方法制成的含有一种或几种农作物生长需要的营养元素的肥料。只含有一种可标明含量的营养元素的化肥称为单元肥料，如氮肥、磷肥、钾肥及次要常量元素肥料和微量元素肥料。含有氮、磷、钾3种营养元素中的两种或3种且可标明其含量的化肥，称为复合肥料或混合肥料。磷肥、氮肥、钾肥是植物需求量较大的化学肥料。

2.1.3.2 化肥的使用对土壤中重金属的影响

通常，磷肥和有机肥中重金属含量较高，磷肥中最常见的重金属是Pb、Cd、As、Cr、Hg、Cu、Zn、Ni 和 V 等，不同磷肥重金属含量差别较大。氮肥和钾肥重金属含量较低。世界范围内，每年磷肥用量在 3×10^7 t 左右，磷肥对土壤重金属的积累有重要贡献。长期肥料试验结果表明，施用磷肥是土壤重金属含量增加的主要原因。潮土上 25a 定位试验结果表明，土壤 Cd 和 Pb 的富集主要来自施用的过磷酸钙，施用过磷酸钙后土壤 Cd 富集量高出试验前的 3.4 ~ 38.6 倍。连续施肥 12a 后土壤重金属相对百分含量增加顺序为：Hg > Cd > Pb > As，4 种元素分别比试验开始时增加了 81% 、23% 、17% 和 7% 。

农业生产中施用的有机肥主要以畜禽粪便、作物秸秆和其腐熟产物为主。在规模化畜禽养殖过程中，由于饲料中广泛添加 Cu、Zn、Fe、As、Mn 等元素，导致畜禽粪便积累高量的重金属元素。一般情况下，作物秸秆重金属含量较低，但在有大气污染源或土壤污染的情况下，作物秸秆也会含有较高量的重金属。对我国 7 个省（直辖市、自治区）的典型规模化养殖场畜禽粪便的研究表明，As、Cu、Zn、Cr 等重金属含量较高，55 个猪、鸡粪样中，Cu、Zn、Cr 和 As 含量变幅分别为 10.7 ～ 1591 mg/kg、71.3 ～ 8710 mg/kg、0 ～ 688 mg/kg、0.01 ～ 65.4 mg/kg，猪粪中 Cu、Zn、Cr 和 As 含量明显高于鸡粪。我国商品有机肥中重金属 Zn、Cu、Cr、Pb、Cd、Ni、Hg 和 As 的含量变异很大，从痕量到百分之几，平均含量分别为 732.4 mg/kg、75.4 mg/kg、53.5 mg/kg、36.6 mg/kg、5.64 mg/kg、21.0 mg/kg、0.44 mg/kg、2.96 mg/kg。畜禽粪便在腐熟过程中，由于有机物的分解，会导致其中的重金属含量增加。

污泥是农业生产中施用的另外一类重金属含量较高的有机物。污泥中常见的重金属有 Hg、Pb、Cd 和 Cr 等，不同来源的污泥重金属含量差异较大。广州市某污水厂污泥中 Cu、Zn、Pb、Cd、Cr 和 Ni 的含量分别为 289.4 mg/kg、723.6 mg/kg、145.8 mg/kg、3.48 mg/kg、105.5 mg/kg、86.92 mg/kg，均低于污泥农用控制标准值。

2.1.3.3　植物源生鲜产品对土壤中重金属的吸收和迁移

重金属在土壤中存在有多种形态，包括水溶性、交换态、碳酸盐结合态及残留态等，生物体根部通过对离子的交换与吸收进而将重金属离子吸收并在体内进行迁移。Cd 可以通过细胞质膜上的钙通道进入到细胞内部，较高浓度的 Cd 会导致质膜功能紊乱。重金属在植物体内的迁移能力和富集能力均为 Cd > Hg > As。细胞对重金属离子的迁移作用，以及重金属向植物体内迁移的机制研究表明，在重金属迁移过程中生物体内存在协助其迁移的蛋白，重金属在生物体内迁移过程中有 3 种质膜蛋白协助其转运。例如，重金属离子转运腺苷三磷酸酶、巨噬细胞蛋白家族及促进扩散子家族等。国内学者吴启堂还提出并建立了土壤植物系统元素吸收、迁移联合数学模型。

2.1.3.4　化肥过度使用的主要原因分析

化肥过度使用的原因主要包括：一是施肥方式、方法不科学。大多数农民不能正确使用化肥，造成利用率不高，例如，化肥使用中以氮肥最为突出，表面撒施方法普遍，导致 70% 左右挥发、流失掉；另外，农民们往往不施底肥，即使施底肥大多也只是用普钙和农家肥混用，作物需肥临界期肥料供应不足，植株壮苗有限，影响作物的产量。二是施肥结构不合理，氮、磷、钾比例失调。目前，有些农民仍按传统的经验施肥，存在着严重的盲目性和随机性。施肥量过大，造成了严重的浪费。三是化肥中微量元素没有得到应有的重视。由于土壤中的微量元素长期得不到补充，其含量已不能满足作物的生长需要，根据土肥的最小养分律和同等重要律学说，即使氮、磷、钾的施入比例合理也会影响作物的产量。四是肥料中想当然施肥现象突出，不能按照作物需要什么补什么的理论施肥，普遍以氮肥为当家肥。例如，大量施用尿素或磷二铵。五是农民缺乏农科知识指导，盲目用肥。

2.1.4 饲料中添加抗生素是导致动物源农产品安全隐患的重要因素

2.1.4.1 抗生素在动物源农产品生产中的使用现状

我国每年生产抗生素原料约 21 万 t，其中 9.7 万 t 被用于养殖业，占年总产量的 46.1%，远远超过动物疾病治疗的需求量。抗生素应用于动物养殖过程中主要基于以下考虑：一是增强抗病能力。抗生素类用作饲料添加剂能增强动物抗病能力，起到提高动物生产性能、改善饲料转化效率等作用。中小养殖场普遍养殖密度高、环境差，动物容易得病，许多养殖户选择使用大量抗生素防止动物死亡。在我国养殖行业中，很多养殖户缺乏科学养殖技术和兽医知识，不懂合理防疫、用药的方法，他们视抗生素为预防和治疗畜禽病的万能药，发现动物发病首选抗生素，一种不见效就换另一种，这种凭感觉用药已成为动物疾病治疗中的常态。二是提高生长速度。用抗生素作饲料添加剂，可以提高动物生长速度，使养殖户获利。因动物长时间低剂量摄入抗生素可削弱胃肠内有害微生物，抑制、杀死致病菌，增强抗病能力，同时可以刺激动物脑下垂体分泌激素，促进机体生长发育。因此，为了让畜禽快速生长，盲目用药现象极为严重。由于抗生素的不合理添加，在动物体内得不到有效降解，动物源性食品中发生抗生素高残留的概率也随之增加。三是降低养殖成本。利益驱使是抗生素滥用的重要原因。用抗生素作饲料添加剂还可让畜禽吃得更少，长得更快，无疑降低了饲养成本。受利益驱使，绝大部分饲养的畜禽都可能被不同程度地喂抗生素，不仅是猪、牛、羊等畜类，鸡、鸭、鹅等禽类，还包括鱼、虾、蟹等水产。一些抗生素甚至被畜禽当成饭来吃。四是监管存在盲区。尽管我国对饲料中药物的使用有严格规定，但相关法律法规的不健全和监管缺位，某种程度上为"有抗食品"提供了生存的土壤，使抗生素在动物身上使用成为监控盲区。目前国内养殖生产的抗生素使用监管，缺乏健全的监测体制，既无明确的机构人员设置，也无经常性的检查，饲料厂、养殖场或养殖户能轻易批量购买。即便检查到养殖者违规使用抗生素，处罚措施一般也是批评教育和罚款，缺乏威慑力。

2.1.4.2 抗生素对动物源农产品安全隐患的因素分析

抗生素的滥用导致药物在动物产品中残留，使细菌对抗生素产生耐药性，并通过餐桌潜入人体，成为潜伏在人体内的"隐形杀手"。主要危害如下：一是病菌产生耐药性。养殖业长期大量使用抗生素，使抗生素残留也越来越多，导致养殖产品抗生素在体内蓄积残留，可诱导耐药菌的出现，使原来的抗生素失去作用，使动物细菌病难以控制。抗生素药物长期大量使用，破坏了动物肠道微生物系统，造成动物机体免疫力、抵抗力下降，细菌耐药性增强，从而造成疾病继发频发，治疗患病禽畜时不得不加大用药剂量，最终陷入"无抗生素可用"的境地。这种"有抗食品"被人长期食用后，轻则可出现过敏性症状，重则可诱发各类毒副反应，并且耐药的速度远远快于新药开发的速度。二是易导致疾病流行。在禽畜饲料添加剂中任意添加青霉素、镇静剂和激素等，直接导致禽畜细菌耐药性增高，而耐药性增高则意味着细菌变异，当变异由量变累积到一定程度后就会发生质变，就可能导致由这种细菌产生的疾病流行。用低于治疗剂量的抗生素给动物长期使用，会导致"耐药菌株"的出现，使原来的抗生素失去作用，导致动物细菌病难以控制。三是威胁人类健康。动物滥用抗生素的危害，正通过蛋奶、禽畜、水产品各食物链不断侵入人体，给人体健康带来危害。如同在人体内埋下一颗"隐形炸弹"，一旦患病很可能会无药可医。经常摄入低剂量的抗生素残留物，会逐渐在人体内蓄积而导致各种器官发生病变。另外，这种"有抗食品"的长期食用，会使人类感染一些人畜共患的致病微生物或有明显变异的致病微生物。

2.2　非法添加是生鲜产品加工过程中的核心安全风险

2.2.1　非法保鲜剂添加是监管部门需要重点控制的安全风险

2.2.1.1　食品中可能违法添加的非食用物质

卫生部公布的食品中可能违法添加的非食用物质主要包括以下47种：①吊白块（腐竹、粉丝、面粉、竹笋）；②苏丹红（辣椒粉、含辣椒类的食品）；③王金黄、块黄（腐皮）；④蛋白精、三聚氰胺（乳及乳制品）；⑤硼酸与硼砂（腐竹、肉丸、凉粉、凉皮、面条、饺子皮）；⑥硫氰酸钠（乳及乳制品）；⑦玫瑰红B（调味品）；⑧美术绿（茶叶）；⑨碱性嫩黄（豆制品）；⑩工业用甲醛（海参、鱿鱼等干水产品、血豆腐）；⑪工业用火碱（海参、鱿鱼等干水产品、生鲜乳）；⑫一氧化碳（金枪鱼、三文鱼）；⑬硫化钠（味精）；⑭工业硫磺（白砂糖、辣椒、蜜饯、银耳、龙眼、胡萝卜、姜等）；⑮工业染料（小米、玉米粉、熟肉制品等）；⑯罂粟壳（火锅底料及小吃类）；⑰革皮水解物（乳与乳制品、含乳饮料）；⑱溴酸钾（小麦粉）；⑲β-内酰胺酶（乳与乳制品）；⑳富马酸二甲酯（糕点）；㉑废弃食用油脂（食用油脂）；㉒工业用矿物油（陈化大米）；㉓工业明胶（冰淇淋、肉皮冻等）；㉔工业酒精（勾兑假酒）；㉕敌敌畏（火腿、鱼干、咸鱼等制品）；㉖毛发水（酱油等）；㉗工业用乙酸（勾兑食醋）；㉘肾上腺素受体激动剂类药物（猪肉、牛羊肉及肝脏等）；㉙硝基呋喃类药物（猪肉、禽肉、动物性水产品）；㉚玉米赤霉醇（牛羊肉及肝脏、牛奶）；㉛抗生素残渣（猪肉）；㉜镇静剂（猪肉）；㉝荧光增白物质（双孢蘑菇、金针菇、白灵菇、面粉）；㉞工业氯化镁（木耳）；㉟磷化铝（木耳）；
㊱馅料原料漂白剂（焙烤食品）；㊲酸性橙Ⅱ（黄鱼、鲍汁、腌卤肉制
品、红壳瓜子、辣椒面和豆瓣酱）；㊳氯霉素（生食水产品、肉制品、
猪肠衣、蜂蜜）；㊴喹诺酮类（麻辣烫类食品）；㊵水玻璃（面制品）；
㊶孔雀石绿（鱼类）；㊷乌洛托品（腐竹、米线等）；㊸五氯酚钠（河
蟹）；㊹喹乙醇（水产养殖饲料）；㊺碱性黄（大黄鱼）；㊻磺胺二甲嘧
啶（叉烧肉类）；㊼敌百虫（腌制食品）。

2.2.1.2 食品中可能滥用的食品添加剂品种

卫生部公布的可能滥用的食品添加剂品种主要包括：①着色剂
（胭脂红、柠檬黄、诱惑红、日落黄）等［渍菜（泡菜等）、葡萄酒］；
②着色剂、防腐剂、酸度调节剂（己二酸等）（水果冻、蛋白冻类）；
③着色剂、防腐剂、甜味剂（糖精钠、甜蜜素等）（腌菜）；④乳化剂
（蔗糖脂肪酸酯等、乙酰化单甘脂肪酸酯等）、防腐剂、着色剂、甜味
剂（面点、月饼）；⑤面粉处理剂（面条、饺子皮）；⑥膨松剂（硫酸
铝钾、硫酸铝铵等）、水分保持剂磷酸盐类（磷酸钙、焦磷酸二氢二钠
等）、增稠剂（黄原胶、黄蜀葵胶等）、甜味剂（糖精钠、甜蜜素等）
（糕点）；⑦漂白剂（硫磺）（馒头）；⑧膨松剂（硫酸铝钾、硫酸铝
铵）（油条）；⑨护色剂（硝酸盐、亚硝酸盐）（肉制品和卤制熟食、
腌肉料和嫩肉粉类产品）；⑩二氧化钛、硫酸铝钾（小麦粉）；⑪滑石
粉（小麦粉）；⑫硫酸亚铁（臭豆腐）；⑬山梨酸［乳制品（除干酪
外）］；⑭纳他霉素［乳制品（除干酪外）］；⑮硫酸铜（蔬菜干制品）；
⑯甜蜜素［"酒类"（配制酒除外）］；⑰安塞蜜（"酒类"）；⑱硫酸铝
钾、硫酸铝铵（面制品和膨化食品）；⑲胭脂红（鲜瘦肉）；⑳柠檬黄
（大黄鱼、小黄鱼）；㉑焦亚硫酸钠（陈粮、米粉等）；㉒亚硫酸钠（烤
鱼片、冷冻虾、烤虾、鱼干、鱿鱼丝、蟹肉、鱼糜等）。

2.2.1.3 典型的非法保鲜剂添加的安全事件

（1）苏丹红事件

1）事件起因

2005 年 3 月 4 日，亨氏辣椒酱在北京首次被检出含有"苏丹红一号"。不到一个月内，在包括肯德基等多家餐饮、食品公司的产品中相继被检出含有"苏丹红一号"。

2）事件经过

2005 年 2 月 18 日，英国最大的食品制造商的产品中发现了被欧盟禁用的"苏丹红一号"色素，下架食品达到 500 多种。原国家质量监督检验检疫总局于 2005 年 2 月 23 日发出紧急通知，要求各地质检部门加强对含有"苏丹红一号"食品的检验监管，严防含有"苏丹红一号"的食品进入中国市场。2005 年 3 月 4 日，北京市有关部门从亨氏辣椒酱中检出"苏丹红一号"。不久，湖南长沙坛坛香调料食品有限公司生产的"坛坛乡辣椒萝卜"也被检出含有"苏丹红一号"。2005 年 3 月 15 日，肯德基新奥尔良烤翅和新奥尔良烤鸡腿堡调料中发现了"苏丹红一号"成分。几天后，北京市有关部门在食品专项执法检查中再次发现，肯德基用在"香辣鸡腿堡""辣鸡翅""劲爆鸡米花"3 种产品上的"辣腌泡粉"中含有"苏丹红一号"。随后，全国 11 个省市 30 家企业的 88 个样品被检出含有苏丹红，苏丹红事件席卷中国。

3）事件结果

2005 年，经过质监、公安部门一个多月来的调查，发现本次事件中，广州田洋食品有限公司一直使用"苏丹红一号"含量高达 98% 的工业色素"油溶黄"生产"辣椒红一号"食品添加剂，而此食品添加剂正是此次苏丹红事件的源头。随后，该公司的两个主要涉案人员谭伟棠、冯永华于 2005 年 4 月 9 日被公安部门刑事拘留。

（2）"铝包子"事件

1）事件背景

匆忙的上班族早晨经常都会买几个包子当早餐，而购买地点多数都属于路边的小作坊。虽然国家从 2014 年就禁止了将硫酸铝钾（钾明矾）和硫酸铝铵（铵明矾）用于小麦粉制品，但是路边小作坊内的"铝包子"仍屡禁不止。而长期食用铝含量超标食品，会对人们的骨骼和神经系统造成严重损害。北京市大兴区内一批小作坊经营者就因为在制作包子的过程中，违法使用了含有硫酸铝钾或硫酸铝铵的泡打粉被抓，他们所涉及的罪名均为生产、销售不符合安全标准的食品罪。京华时报记者梳理了北京法院审判信息网公开的判决，发现从 2015 年 10 月至 2016 年 3 月，大兴区有 60 余名小餐馆经营者被法院判刑。

2）事件经过

2015 年，在北京市大兴区黄村镇一市场内，27 岁的许某及其 54 岁的母亲王某共同经营着一家小餐馆，售卖烧饼、馄饨、包子等。餐馆里，许某负责和面、打烧饼，王某负责和完面后蒸包子。揉面时，王某会放些儿子买来的"香甜泡打粉"。"放了泡打粉，包子蒸出来后好看，面发得好"，许某称。包子 1 元一个，母子俩的小店一天大概能卖出 50 多个包子。2015 年 8 月 3 日，原北京市食药监局的执法人员曾专门前往母子俩的小餐馆发放宣传材料，并告知母子俩禁止使用含铝的食品添加剂，两人还在《食品行业宣传材料签收回执》上签字并按了手印。材料中明确提示，小麦粉及其制品（除油炸面制品、面糊、裹粉、煎炸粉外）不得使用硫酸铝钾和硫酸铝铵。在发放通知的次日，执法人员再次来到母子俩的小餐厅，对包子进行抽样检测。检测结果显示，两人制售的包子中铝含量为 976 mg/kg。两人随即被刑事拘留。

3）事件处置

2015 年 8 月 4 日至 12 日，许某及王某两人明知禁止在发面时使用含有硫酸铝钾或硫酸铝铵的泡打粉，仍然在制作包子时使用。两人生产销售不符合安全标准的食品，足以造成其他食源性疾病，已构成生产、销售不符合安全标准的食品罪。由于两人是初犯且认罪，法院判决他们有期徒刑 9 个月，缓刑一年，各罚款 9000 元，并禁止两人在缓刑期内从事食品生产及销售活动。

2.2.2 超剂量、超范围添加合法添加剂是生产企业应严格控制的安全风险

2.2.2.1 添加剂及其在食品生产中的重要作用

食品添加剂是指为改善食品品质和色、香、味，以及为防腐、保鲜和加工工艺的需要而加入食品中的人工合成或者天然物质。目前，我国允许使用的食品添加剂有 2300 多种，此外，还有 200 多种营养强化剂。食品添加剂包括酸度调节剂、抗结剂、消泡剂、抗氧化剂、漂白剂、膨松剂、着色剂、护色剂、酶制剂、增味剂、营养强化剂、防腐剂、甜味剂、增稠剂、食品香料等。

食品添加剂在食品工业中发挥着重要作用。食品添加剂能够改善和提高食品色、香、味及口感等感官指标。食品的色、香、味、形态和口感是衡量食品质量的重要指标，食品在加工过程中容易发生褪色、变色、香气散失等现象，适当地使用着色剂，护色剂，食品香料、香精，增稠剂，乳化剂，品质改良剂等，可明显地提高食品的感官质量，满足人们对食品风味和口感的要求。食品添加剂可以保持和提高食品的营养价值。食品防腐剂和抗氧化剂在食品工业中可防止食品氧化变质，避免营养素的损失，对保持食品的营养具有重要的作用。食品营养强化剂可以提高和改善食品的营养价值，对于防止营养不良和营养缺乏，保持营养平衡，提高人们的健康水平具有重要意义。食品添加剂对维护食品安全、延长食品的保质期具有重要作用。目前全世界范围内，因食用致病微生物污染的食品引发疾病是食品安全头号问题。许多食品如不采取防腐保鲜措施，出厂后将很快腐败变质，食用后将会造成严重危害。为了保证食品在保质期内保持应有的质量和品质，必须使用防腐剂、抗氧化剂和保鲜剂。

2.2.2.2 食品添加剂风险评估程序

风险评估是指在特定条件下，风险源暴露时对人体健康和环境出现不良效果的可能性做出的评估，由危害识别、危害特征描述、暴露评估

和风险特征描述 4 个阶段组成。风险评估是基于可靠的科学数据和模型逻辑推理的过程，可以概括为 3 个方面：存在的问题（危害识别），问题出现的确定性和不确定性（危害特征描述和暴露评估），问题的严重性（风险特征描述）。

危害识别。是指识别可能对人体健康产生不良影响的某种或某类食品中的危害物，并对其进行的定性描述。危害识别的目的是确定人体摄入某种物质后引起潜在的不良反应，发生不良反应的可能性和不良反应发生的确定性和不确定性。食品添加剂风险评估的危害识别常用的方法包括流行病学研究、动物试验研究和体外试验研究等。

危害特征描述也称危害描述，是对食品中可能存在的危害物对人体健康产生不良作用的定性和定量评价。危害性描述一般采用阈值法，采用危害识别中毒理学试验获得的无可见不良作用剂量除以不确定系数，得到可接受的每日允许摄入量，即人体按此量摄入某种食品添加剂，即使终生摄入，也不会对健康造成危险。该方法一直被联合国粮农组织和世界卫生组织等采用。

暴露评估是指对通过一种或多种途径可能暴露到人体的物理、化学和生物因素进行的定量或定性评估。物质的毒性和暴露量之间的关系决定了暴露评估是危险性评估定量的关键因素。食品添加剂暴露评估主要是依据膳食调查和食品中添加剂含量水平进行的定性和定量评估，掌握有关食品的消费量和食品中相关化学物质含量两方面的资料才可以开展暴露评估。

食品添加剂风险评估中的第四步是风险特征描述，是综合危害识别、危害特征描述和暴露评估的结果，定性或定量评估添加剂在特定条件下引发人群发生不良影响的可能性和严重性。食品添加剂的风险性特征描述是将食品添加剂的摄入量与该添加剂的值进行比较，例如，添加剂摄入水平低于添加剂的值时，对人体健康产生不良影响的可能性理论上为零。若膳食暴露量高于添加剂的值，则需要进一步地分析。

2.2.2.3 超剂量添加食品添加剂安全风险分析

食品添加剂添加过程中容易产生的安全风险主要包括以下几个

方面。

（1）超限量使用

超限量使用是滥用食品添加剂最常见的一个问题。有研究者于2006—2013 年对邯郸市食品中食品添加剂的监测分析中，调查二氧化硫项目的样品 255 份，包括白南瓜子、金针菇、馒头、炒货、葡萄酒、蜜饯、蟹肉、水产品、开心果、银耳 10 类食品。检测出阳性样品 210份，阳性率为 82.4% 。超过国家标准的样品 29 份，超标率为 11.4% ，其中蜜饯的超标现象最为严重，达到 86.7% 。

（2）超范围使用

食品添加剂的使用范围必须在国家标准规定内使用。2011 年上海"问题馒头"事件中玉米面馒头是由白面经柠檬黄染色制成的。而柠檬黄是一种可以在膨化食品、果汁饮料等食品中使用的食品添加剂，但不允许在馒头中使用。还有"毒燕窝"事件中，亚硝酸盐含量严重超标，我国《食品添加剂使用标准》中规定仅允许生产烟熏肉等制品限量使用。

（3）食品添加剂质量不合格

食品添加剂质量不合格是指使用过期或者劣质的食品添加剂，劣质食品添加剂的纯度不高，在加工过程中没有严格按照食品安全法的规定来生产，以至成品中含有少量的铅、汞、砷等有毒重金属物质。而过期的食品添加剂可能会发生一些化学反应，从而影响食品质量及产生对健康有毒有害的产物。

2.2.3 农产品源头控制是生产企业的主要原料风险

在生鲜产品生产过程中，作为原料的农产品安全问题就成了生鲜产品供应企业的重要风险问题，主要涉及农业投入品、产地环境、生产者行为、信息不对称等因素，造成问题的主要原因体现在以下三点。

2.2.3.1 利益驱使

理性而逐利的部分农民在利润最大化的目标下，极力降低成本，规避监管，提供劣质农产品，甚至以次充好。为达防治目的而确保其收益，违反有关禁令擅自使用国家禁用或限制使用的高毒、高残留农药，直接影响到农产品的安全性，并通过食物链而危及人类的健康。一系列农产品质量安全事件显示出生产者把牟利作为发展的唯一目标，为牟取暴利而超标使用添加剂，只追求赢利，忽视了诚信经营、遵纪守法的原则，摈弃了自己所应承担的社会责任。

2.2.3.2　产地环境

农产品产地环境作用于农产品生产培育的全过程，直接影响农产品品质和安全，是农产品不安全的源头。农产品生产过程中过量使用化肥、农药、兽药、添加剂和违禁药物已经成为农业污染的重要来源，造成有毒有害物质残留超标，导致产地环境污染，成为影响农产品安全性能的主要因素。

2.2.3.3　信息不对称

信息不对称是形成农产品安全问题的一个主要原因，信息不对称导致农产品市场部分失灵，农产品逆向选择及道德风险出现，难以实现优质优价机制，安全生产的成本与收益发生扭曲，高质量农产品难以验证并为消费者所接受，生产者为了提高农产品质量而增加的成本得不到补偿，而劣质农产品在销售中获得超额价格补偿，优质农产品被淘汰，不安全的劣质农产品涌入市场，从而使劣货驱逐良货，造成市场上的农产品质量持续下降直至市场萎缩。

2.3　冷链与保鲜技术缺乏是储藏与物流过程中保障生鲜产品安全的主要问题

2.3.1　冷链体系尚不能有效覆盖生鲜供应链

我国的冷链物流发展时间非常短，在冷藏率、管理水平等许多方面都比较落后，尤其是"断链"问题较为严重，不能有效覆盖生鲜供应链，主要表现为以下几个方面。

2.3.1.1 冷链基础设施落后

我国冷链基础设施比较落后，现代运输设备供给不足。目前我国冷库保有量为 9300 万 m^3，总量与美国相近，但人均冷库拥有量较低，仅为美国的 20% 左右。而且冷库结构也不合理，冷冻库较多、冷藏库较少，储存型冷库较多、流通加工型冷库较少。除此之外，我国仅有 9.3 万辆冷藏车，该数量仅相当于美国或者欧洲一年的增长量，且人均冷藏车也较少，仅为日本的 10% 左右。

2.3.1.2 冷链物流资源分散

我国冷链物流企业的规模普遍较小，而且分散度较高，在整个冷链市场中百强冷链物流企业仅占 10% 左右。当前冷链市场中需求比较分散，供给也呈现碎片化的态势，这些都使得冷链物流企业的运营成本很高，效率非常低下。

2.3.1.3 冷链信息技术水平低

和国外发达国家相比，我国冷链物流企业规模大都比较小，多数冷链物流企业信息技术水平低下，有些企业甚至还没有建立完善的管理信息系统，更别提与上下游企业之间实现信息共享。

2.3.1.4 冷链人才短缺

由于冷链物流在我国起步较晚，当前国内只有极少数大专院校开设了冷链物流专业，且冷链行业需要的人才是复合型的，即冷链行业所需人才不仅要具备制冷方面的知识，还需具备食品、保温、物流及供应链等多方面的知识，这些因素共同造成了当前我国冷链人才极度短缺，企业只能自己来培养所需的冷链人才。

2.3.1.5 行业标准亟待完善与落实

当前，冷链行业标准亟待完善，尤其是标准的落实问题，成了我国冷链行业大力发展的"拦路虎"。我国虽然有一定数量的冷链物流企业，但大多规模较小，缺乏资质。为了降低冷链物流成本，这些小型企业置行业标准于不顾，有些甚至难以做到全程冷链，由此带来的问题就是他们提供的冷链物流产品品质低、价格便宜。但与之相对应的是正规企业严格执行国家标准，且全程冷链，故其冷链物流产品品质较高，但价格与小企业相比也较高。对于消费者来说，他们从冷链物流产品的表面上分辨不出孰优孰劣，同时，他们往往比较关注产品价格的高低。这样一来，全程冷链的规范企业在竞争中就处于不利的地位，大大影响了规范企业的积极性，同时，也使得行业发展困难重重。

2.3.1.6 冷链物流知识及理念缺乏

我国冷链物流由于发展时间短，消费者对冷链物流的认识非常有限，更别提具有现代化的冷链物流理念了。这就使得消费者在购买生鲜产品时还是只注重外表、品牌等因素，很少会考虑在产品流通的整个环节是否有发生过断链的情况。产品在冷链物流的任何一个环节出了问题，尤其是发生了断链，则该产品的品质将会受到严重影响，新鲜度大打折扣。生鲜食品的装卸、储存、运输、配送等环节都需要控制温度，这样才能使食品安全得到保障，对众多的消费者而言，其对冷链物流知识知之甚少，冷链物流理念也严重缺乏，致使消费者对食品安全的重要性缺乏正确的认知。

2.3.2 天然安全保鲜剂尚需进行有效发掘

保鲜剂是对食品进行防腐、抗氧、保鲜的重要成分。在一定的物理条件下，生化反应和有害微生物的作用下，食品会失去其固有的色、香、味及新鲜度，甚至有可能会腐烂变质，然而保鲜剂就可以很好地避免这种事情发生。有效地防止微生物搞破坏，可以在一定的时期内保持食品的新鲜度和品质，避免食物品质变坏，从而可以很好地避免粮食的浪费。而且，避免食物品质变坏还可以使得消费者远离危险，保证消费者尽可能不会购买到变质的食品，避免给人们的生命健康造成威胁。因此，保鲜剂的使用是很有必要的。

目前在生鲜食品生产过程中，工业化应用比较成熟的产品主要是化学保鲜剂，相对于化学保鲜剂，天然保鲜剂具有更好的安全性能，但对于天然保鲜剂实现工业化应用，仍然存在较多的不足，如较大的用量、较差的抗代谢性、较短的抗菌时效等，因此在具体的使用过程中，需要解决其他类型的防腐保鲜剂，从而实现其抗菌的目的。同时要对天然保鲜剂的抗菌活性展开研究，从而掌握其规律性、功能结构与结构特征等。同时天然保鲜剂要不断进行研发，从而让每一种食品拥有专用的添加剂，同时要保证其高效、便捷与无毒等特点，对其作用机制、用量多少方面进行深入研究，完善其使用标准，保证其有效的研究和高效的使用。由于天然保鲜剂的成分相对复杂，存在一定的不安全因素，因此在使用过程中，要保证其规范性，避免出现安全问题。

2.3.3 新型杀菌方法工程化进程尚待推进

生鲜食品中的微生物控制就是在食品生产及后续环节，通过各种技术措施降低食品中的微生物含量，调控食品中影响微生物生长的内在因素及外在环境，遵循防控结合，全过程控制的原则，最大限度地抑制食品中微生物的生长繁殖，保障食品安全。

由于传统的加热杀菌、干燥、高渗透压等方法都不适应于生鲜食品的减菌和微生物控制。近年来研究者尝试了不同的新型物理减菌技术，主要包括以下几种。

2.3.3.1 超高压杀菌技术

超高压杀菌是指在常温或低温条件下通过对食品施加 100 ~ 1000 MPa 的压力达到杀菌效果。一般认为，其机制与加热杀菌类似，高压使食物中微生物细胞内的酶、蛋白质等生物大分子立体结构（四级结构）崩溃，失活变性从而死亡。但也有人认为高压会影响到由多糖类、脂肪等生物体高分子构成的细胞膜的稳定性，在高压产生的剪切力作用下生物体膜破裂，从而导致了微生物的生理代谢活动减缓甚至死亡。超高压杀菌技术避免了热处理导致的食品品质改变及营养成分破坏，可以较好地保持食品的原有风味和营养价值。同时还具有灭菌均匀、灭菌效果好、操作安全、耗能低等一系列优点。

2.3.3.2　特殊气体杀菌技术

某些特殊气体，如臭氧、二氧化碳等均可用于食品的杀菌。臭氧具有高效、广谱杀菌效果，其氧化还原电位很高，具有很强的氧化能力，可以改变微生物细胞膜中各种酶的氧化还原电位造成其生理特性的改变，进而进入细胞中破坏各种组分造成微生物的死亡。臭氧杀菌效果彻底、作用时间短且无残留，在食品行业中有诸多应用。而二氧化碳具有天然抑制好氧微生物生长的能力，结合高压或低 pH 可以起到很好的控制食品中微生物的作用。这是由于二氧化碳扩散能力较强，高压进入微生物细胞后再进行卸压，可以导致微生物细胞膜的破裂。

2.3.3.3　辐照杀菌技术

辐射包括无线电波、可见光、紫外线、X 射线、γ 射线、宇宙射线或加速电子射线等，其对于微生物往往是有害的。由于辐射穿透力强，可以对食品中的微生物进行杀灭。受辐照后，微生物的 DNA 等生物大分子会发生畸变，从而失去活力影响其生命代谢活动最终造成死亡。辐照杀菌几乎不产生热量，可以处理生鲜食品，同时不影响食品的风味及营养价值。

2.3.3.4　超声波杀菌技术

超声波是一种声波，由于人能听到的最高频声波为 20 000 Hz，超过此频率的声波得名"超声波"。超声波具有很高的能量，可致细胞破碎，因此可用于杀菌领域。其机制是超声波的高频振动会在细胞周围产生局部真空的空穴，引起细胞内外压强的瞬间突变，从而导致细胞破裂死亡。此外，超声波处理也会产生一定的热效应，这也是造成微生物死亡的原因之一。

2.3.3.5　其他杀菌技术

近年来新出现的食品微生物控制技术还有磁力杀菌技术、膜过滤除菌技术、高压电场脉冲杀菌技术、脉冲强光杀菌技术。这些新技术均有着各自的特点和适用范围。

这些新型杀菌技术都在生鲜食品保鲜和保证其食品安全方面具有良好的应用效果，但其工程化应用都还存在问题，尚不能高效地应用于生鲜食品的食品安全控制中。

2.3.4　功能包装技术产业化应用尚存在瓶颈问题

食品包装不仅提供产品信息，宣传品牌价值，通过视觉体验唤起消费者的购买欲望，还在食品的贮藏、运输、销售中起到对食品的防护作用。传统的食品包装主要起到物理阻隔和抗外界机械作用力的作用，随着新技术和新材料的发展，食品包装增添了很多新的功能特性，如控湿、气调、抗菌、抗氧化及智能指示等。抗菌种类可以降低食物配方中防腐剂的含量甚至可以做到零添加；智能标签提高了产品的溯源性、消费者的互动性，减少了消费者对食品安全的担心，还可以向食品工业行内人员及时提供市场动态信息，减少了食品资源的浪费。我国的食品新包装技术的发展还不够完善，很多技术尚处在实验室研发阶段，主要包括以下几种。

2.3.4.1　吸收型活性包装

吸收型活性包装主要有吸收 O_2、CO_2 和乙烯，降低湿度及去除异味等类型。去除包装中顶空氧的技术如热灌装技术、液氮灌装技术、排气技术、气调包装技术、真空包装技术，并不能去除包装中的所有氧气，充气包装有 2.0% ~ 5.0% 的氧气残留，真空包装或压缩包装有 0.3% ~ 3% 的氧气残留，而氧气含量小于 0.1% 才能有效控制保质期内由酶促反应、微生物滋生，以及生化反应导致的食品变质；且去除保质期内透过包装材料的氧气也是必须要考虑的因素，因而需要通过氧气吸收剂来清除贮藏期间食品包装中的残余氧气。

2.3.4.2 释放型活性包装

释放型活性包装主要有释放乙醇、CO_2、生物抗菌活性物质等类型。释放 CO_2 的包装可以克服一些脱氧包装产生的塌陷问题。高浓度的 CO_2 不仅可以抑制食品氧化，还由于其是酸性气体可以起到抑菌作用（好氧菌、革兰氏阳性菌，如假单胞菌）。但是对于酵母、乳酸菌，高浓度 CO_2 具有促进生长的作用；且一些厌氧致病菌如肉毒杆菌、产气荚膜梭菌、李斯特菌不能被 CO_2 有效地抑制，在加工过程中还需要采取其他辅助手段加以控制。

2.3.4.3 涂膜型活性包装

涂膜型活性包装通常具有抗菌功能，通过抑制微生物的生长达到延长保质期的目的；有的抗菌剂还兼有抗氧化的作用。食品腐败变质最主要的原因是其表面微生物的大量繁殖，因此通过抗菌材料与食品表面的直接接触，可以起到抑制甚至杀灭微生物的作用。抗菌剂一般有化学型和生物型，化学型抗菌剂一般热稳定，如银代沸石、锌代沸石、氧化金属材料、有机酸（山梨酸、苯甲酸、丙酸及其盐类）；生物型抗菌剂一般热不稳定，是由天然植物或动物中提取，如酶类（溶菌酶、乳过氧化物酶、葡萄糖氧化酶）、精油、抗生素（乳酸链球菌素、枯草杆菌肽、纳他霉素等）、壳聚糖和噬菌体等。

2.3.4.4 指示剂型智能包装

氧气指示剂采用光敏材料（如二氧化钛）、还原染料（如亚甲蓝）和自由电子供体（如甘油）联合指示包装内的氧气。光敏材料先吸收紫外线被触发，产生电子空穴对光敏空穴快速与自由电子供体反应，剩下光敏电子；若体系内含有一定浓度的氧气，可以和还原型染料反应，生成染料的氧化形式，氧化型染料与光敏电子结合，可以灵敏地呈现不同颜色。

2.3.4.5 信息型智能包装

时间-温度标签智能包装可以将加工食品从出厂—运输—出售整个产业链中的温度影响记录在标签上，便于消费者对食品的品质有直观的精准判断。这种标签也是一些指示剂材料根据不同环境变化做出的响应。

2.4 销售过程中质量管理不严与诚信缺失是导致生鲜产品供应中食品安全问题的重要因素

2.4.1 农贸市场质量控制管理现状

由于农贸市场主要基于小农经济及个体化经营，在管理体系上较为松散，缺乏标准化与流程化。农贸市场中农产品质量相对较差，缺斤少两现象依然存在，卫生状况不容乐观。究其原因主要有以下三点：①从市场角度看，市场重收费、轻管理、轻服务的现象依然严重。市场采用摊位式管理，管理方式松散，以后期监管为主，缺乏前期与中期的质量控制。管理规则因缺乏固定标准，依然"人治大于法治"，重经营性服务，轻社会性服务。②从商户角度看，很多商户由于对具体的质量监管措施不太理解，拒绝配合监管的现象经常发生。例如，在一些农贸市场中，质量检测中心的检测标准缺乏公开性，造成商户时常对检测结果产生异议，甚至拒绝配合检测。③从国家角度看，我国目前尚无一部权威性很强的批发和农贸市场法，造成了当今市场法律体系滞后的局面。

2.4.2 超市质量控制管理现状

与农贸市场相比，连锁超市农产品经营最大的优势在于更有能力实施严格的质量控制。但目前我国农业生产以小规模分散种植与经营为主，难以对生产源头进行有效控制，超市无法杜绝问题农产品，因而超市农产品供应链质量安全控制面临严峻考验。中国零售市场整体环境不够诚信，"失信成本"远低于"守信成本"，过低的失信成本难以让失信者寸步难行，导致作为零售终端的超市农产品质量控制仍存在不少缺陷。

2.4.2.1 进货渠道有弊端

超市在农产品的进货渠道上有不少弊端，由于我国农业生产主体小而分散，农户分散经营，缺乏统一的质量标准，产品参差不一，产品质量难以得到保证。超市大多采取与供应商联营的方式，从批发市场进货，质量无法完全控制。尽管要求较其他销售渠道严格得多，但由于采购人员的腐败及其他诸多原因，部分问题农产品还是流入了超市。

2.4.2.2 生产商为了降低成本而不顾质量

终端的消费者和商场对农产品成本的控制会影响价格，价格因素进而影响着农产品的质量问题，供应链不能一味加强价格的控制力度，因为这最终会传给生产商。由于利润空间越来越低，不少供应商会以次充好或将正品、次货掺和销售，种种因素造成超市不少农产品存在质量隐患。海南的豇豆事件的核心就是成本问题，用剧毒农药每亩花费 70 ~ 80 元，打两次药就可以除掉病虫。而用复合标准的农药基本成本超过 250 元，打 4 次药，农药的成本就相差好几倍。

2.4.2.3 生鲜产品检测成本高

超市因检测成本而把关不严，零售业是薄利行业，一个实验室投入数百万元至上千万元，还要配备专业人员，一般零售企业负担不起。目前零售企业很少有自己成立检验实验室的，即使有也只对部分指标进行检验，一个指标的检验成本有时达数千元，如果全部指标都检验成本太大，因而检测也只能抽查，超市销售的商品根本不可能全检。即便通过实验室检测，也很难保证没有问题。

2.4.3 生鲜电商质量控制的风险分析

2.4.3.1 供应风险

供应风险是来自生鲜电商供应链上游的风险因素，源于批发商、农户或养殖户在供应生鲜产品、信息等方面存在的不确定性及潜在风险，以及生鲜产品供应商在生产、仓储、运输过程中造成的产品质量风险。供应风险是生鲜电商产品质量风险的源头，因此把关供应风险尤为重要。如何拥有稳定的优质的生鲜供应，如何监督对外部农场、批发商实施严格管理，成为生鲜电商需要考虑的首要问题。目前，生鲜电商的供应渠道主要有自采、供应商供货和产地直供3种渠道。

2.4.3.2 包装、标签、标识风险

生鲜电商销量大、销往方向不确定，供应渠道复杂多样，存在以下隐患：一是在实际销售中并无人鉴证其包装和标识是否合法合规；二是无人鉴证其标识内容是否真实；三是由于生鲜网售的特殊性，对包装技术和包装材料都提出了更高要求，要求具有更强大的保护性能和保险性能。这导致了消费者网购生鲜时经常遇到收到生鲜时包装破损或者不新鲜；同类农产品产地混淆不清或找不到产地、找不到生产者或者销售者名称的现象；遇到买到假冒特产、假冒地理标志产品的情况，但由于假冒产品信息不足，难以取证。这种情况不仅有损优质生鲜的信誉，甚至造成了名优生鲜销售的信任危机。

2.4.3.3 冷链风险

生鲜产品需低温储藏、易变质的特殊性，决定了在仓储、配送过程中必须采用冷链物流。冷链物流泛指冷藏、冷冻类食品从生产、储藏、运输、销售，到消费前的各个环节中始终处于规定的低温环境下，以保证食品质量，减少食品损耗的一项系统工程。冷链风险表现在物流运输途中可能遇到的变质或破损。国外冷链物流的发展较为成熟，不少欧美

发达国家已形成了完整的食品冷链体系。但我国目前尚未形成成熟、规范的冷链物流，存在以下问题：①冷链物流设施不足（表现为无法为易腐食品流通系统地提供低温保障，大多数零售企业都没有专门用于低温食品的装卸场所，造成人工卸货及往库内搬运的过程常常在常温下停留 1~2 个小时以上），冷链物流技术推广滞后（表现在生鲜农产品产后保鲜技术、预冷技术落后）；②冷链物流标准体系不健全，果蔬冷链物流市场及其体系建设与管理基本处于粗放型的发展和运行阶段；③第三方冷链物流市场的竞争环境尚未形成，服务标准不统一。许多中小型第三方物流公司仍以低价格为竞争手段。

2.4.3.4　仓储风险

仓储风险主要包括发生在仓储中的各类操作风险，如人为操作，虫、鼠害，温度、湿度，水、火灾害导致的变质或破损。仓储风险是生鲜产品质量受损的另一大风险源。

2.4.3.5　电商平台管理风险

目前在淘宝网经营食品的网店有 100 多万户，天猫有 6000 多家。针对淘宝网 100 多万家食品经营户，淘宝声称是有一系列的管理措施，例如，在前台报备详情中要求披露包括厂名、厂址、联系方式、保质期、生产日期、数量、供货商、规格、包装方式、产地关键信息字段，后台披露供货商、进货日期等。但这些管理措施既不强制也不问责，既不确认也不抽查。并且作为第三方网络交易平台仅仅是承担要求网店公开信息的责任，事实上是把风险转移到了消费者的身上，唯有消费者的监督和投诉变成了管理的最后途径。新《食品安全法》对第三方交易平台的管理责任做出明确规定。理论上可以降低电商平台管理的风险因素，但在实际执法中又出现诸如网络商品抽查、网络产品信息真实性确认的问题。

2.4.4 生鲜产品销售过程中诚信问题分析

虽然从整个市场来看，我国生鲜产品行业的发展良好，极大地满足了人们日益增长的物质需求。但生鲜产品销售过程中的诚信问题是存在的。其主要表现在以下几个方面。

2.4.4.1 价格欺诈

买卖公平、童叟无欺一直以来作为经商的基本准则，生鲜产品销售过程中仍然存在"宰人"的诚信问题。例如，"3·15"晚会揭露的关于在沃尔玛买到的螃蟹，螃蟹绳比螃蟹还重。调查发现这些螃蟹是捆绑着湿绳出售，0.5 kg螃蟹所用的绳子几乎和螃蟹一样重。这样的螃蟹售价130元/kg，如果按一家3口人算，买3个重8两的螃蟹，其中绳子所占的重量为600g，价值78元人民币，简直是天价的绳子，严重欺诈消费者。

2.4.4.2 以次充好

生鲜产品由于具有快消品的特征，好的产品与差的产品普通消费者不能进行分辨，另外，由于产品只有在消费时才能被发现，不法商家为了获取更多的利益进行掺假和冒充原产地生鲜产品，例如，市场上销售的东北大米远远大于相应产地的销量。

2.4.4.3 知名品牌产品利用其"身份"欺骗消费者

有些黑心商家在广告上大做文章，通过巨额投资，大肆宣传其产品，使其成为同类中的"第一"。但在质量方面投机取巧，使不合格产品流入市场。例如，央视2011年3月15日报道的关于双汇瘦肉精案。虽然双汇集团是中国肉类品牌的领导者，但其为了迎合市场，获取更高的利润，不惜使用"瘦肉精"喂养出来的猪肉，对产品"横征暴敛"。

3 生鲜产品供应链影响食品安全的途径研究

3.1 供应参与主体利益诉求不同是影响生鲜产品安全问题产生的根源

3.1.1 不同生鲜供应参与主体利益博弈分析

农产品供应链各环节主体依据自身利益权衡进行策略选择，以高毒农药滥售、滥用事件为例，生产环节主体（农资经销商、农户）、流通环节主体（批发市场及批发商、零售商等商户）、消费环节主体（消费者）的利益诉求与策略选择分析如下。

3.1.1.1 生产环节主体

农产品供应链各环节主体的利益关系是不平衡的。对于仅依靠农产品生产获取微薄收入的农户来说，其利益的核心就是经济利益。而农产品质量安全直接关系到农户的经济利益，是农户获取经济利益的最主要手段。农户在农产品的生产过程中需要付出自身劳动，还要承担较大部分的生产要素投入成本。相比之下，他们作为农产品价值链的始端，因为生产规模小、技术能力弱、竞争性差、不具备议价能力，而仅分享到较少的经济利润。较低的收入也是农户不遵照相关法律标准的根源。同时，分散、小规模的生产模式导致生产环节的检测失灵，下游流通环节的无效追溯，更坚定了农户以保产增收为目标的违规滥用农药行为。按照供需理论，农户对高毒农药有需求，在弱监管的投入品市场中农资经销商为获取更多的收益，也会选择违规供给高毒农药。滥售、滥用成为农资经销商与农户为各自利益博弈的"双赢"选择策略。

3.1.1.2　流通环节主体

以企业化经营的批发市场为例，对农产品实施质量安全的严格检测与追溯要耗费较高的成本，该成本必然要分摊给市场中的每位商户（批发商或零售商），成本的提高会推动价格的上涨。下游消费环节对有无检测和追溯的农产品的无差别对待，导致即使进行了检测与追溯，最终的销售价格却无区别或区别不大。成本与价格的不对等，将会损害商户的利益，较之同类市场，他们必然会选择没有质量安全相关成本的市场。为自身利益考虑的市场最终会选择不进行质量安全检测或追溯，或者只为应对监管实施"形式化"的质量安全措施。因此，不提价经销无质量安全保障的农产品成为商户的选择策略。

3.1.1.3　消费环节主体

食品安全事件的频发导致消费者对农产品质量安全的信任危机。尽管如此，在缺乏有效识别农产品质量安全知识与手段的情况下，与其付出高价格购买不能确知是否安全的优质农产品，还不如以一般价格或较低价格购买普通农产品。因此，传统消费习惯即购买低价农产品成为消费者的购买决策。而消费者在购买农产品后，即使发现存在质量安全问题，由于较高的维权追责成本和低惩罚力度，不维权、不追责成为消费者自身利益博弈的选择策略。

3.1.2　供应链不同环节中影响食品安全的诚信问题分析

3.1.2.1　生产环节诚信问题

生产环节是日常食品、用品形成的第一阶段，对产品质量的塑造具有重要作用。经调研发现，在种植业生产中，一些农民为了过度追求农作物的产量和"卖相"，不惜大量使用化肥、农药（尤其是使用"百草枯"等国家法律法规明令禁用、限用的高危害农药)、各种植物生长调节剂等，致使土壤酸化的同时，产品内一些"看不见、摸不着"的重金属严重超标，严重威胁到农产品的质量安全。在养殖业生产中，一些养鱼大户为了缩短养殖周期、提高水塘产量，无视国家禁用渔用兽药、化合物、生物制剂等有害物质的法令，大量使用有毒有害物质的渔用饵料、饲料、饲料添加剂等，甚至在鱼食中放入"避孕药"等。同时，一些农民在畜禽和水产养殖过程中为了节约人力、财力和物力，畜禽和鱼、鳖、虾等水产品的排泄物大量堆积，污水和粪便任意排放，散发出恶臭气味，对周围土壤和水域环境造成了严重的农业面源污染。

3.1.2.2 加工环节诚信问题

农产品加工业是指以农、林、牧、渔产品及其加工品为原料所进行的工业生产活动，加工的主要目的在于提高农产品附加值，从而获得更大的收益，这是农户们增收的重要举措，本无可非议。但调研中发现，一些农民缺少社会公德心和社会责任感，食品加工场所环境卫生状况堪忧，清洁不及时、不到位，防止蚊蝇鼠患的措施不力，食品加工的安全隐患问题突出。同时，一些"小而散"的家庭作坊为了减少成本和追求所谓的"自由经营权"，没有及时也不愿意办理有关生产许可证和营业执照，由于缺少法律的规制和有关部门的监管，一部分农民为了实现农产品利润最大化，不惜在加工过程中使用劣质原材料、超范围、超剂量、超标准使用食品添加剂，更有甚者使用非食用物质进行加工。

3.1.2.3 销售环节诚信问题

随着知识文化层次的提升和经营管理意识的增强，越来越多的农民选择自己做老板，在销售经营行业中一展身手。但在一些地区、一些领域、一些行业中，部分农民失信违约的现象突出。比较常见的不诚信现象有："哄抬物价，标识欺诈""制假售假，以次充好""因人而异，缺斤少两"等。调研中发现，极个别农户丧失最基本的"公德心"和"良心"，在销售过程中极力宣扬本店经营的农产品来自自家的土地，没有打过农药，施的是用动物粪便发酵成的有机肥，"纯天然""无污染""无公害""我们自己都在食用"等是其一贯宣传的口号。但实际上，许多农民确实留有一块"家用菜地"，不施化肥、农药等有害物质，注重绿色种植，但收获的农产品仅供自家食用，而销售给他人的农产品一般"卖相"不错但化肥、农药使用过量，有害物质残留超标。

3.1.2.4　售后服务环节诚信问题

"言必信，行必果"是中华民族的传统美德。作为社会中的一员，不要轻易许诺，而一旦许诺了就一定要去兑现，这种"契约"精神和诚信意识对一个经营者来说尤为重要。农民不仅是生产者、加工者、销售者，也是产品售后的服务者，部分农民售后服务环节诚信道德失范主要表现在以下两个方面：一个是"重销售、轻服务"的思想。在很多农民看来，只要东西卖出去就行了，对于售后服务"有与无"均可、服务"好一点与差一点"无关紧要等，从心底里缺少市场经济下的服务意识；另一个是"承诺多、兑现少"的行为。对于自己经营的农产品，一些农民在顾客面前大谈"物美价廉""好处多多""售后服务完善"等，而出售之后一旦出现问题或遇到对方要求退换货物时，一些农民成了"甩手掌柜"，对之不闻不问，先前承诺的售后服务大打折扣甚或不了了之，兑现率极低。

3.1.3　生鲜供应利益主体之间的失约问题

3.1.3.1　农户与批发商之间的失约问题

农户和批发商之间的诚信关系也很脆弱。据一项对 7021 个样本户的调查，只有 159 户在农产品生产流通中签订了购销合同，仅占总户数的 2.3%，其中得到履行的合同占 53.5%。在已签订合同中，17.3% 对产品的种类和数量无规定，17.2% 对产品的质量规格无规定，30.1% 对产品的价格无规定，31.9% 对交货时间无规定，34.9% 对结算方式无规定，40.7% 对违约处理办法无规定。在未能履行的 74 份合同中（占总数的 4.65%），因市场价低于合同价对方不愿收购的占 21.6%，因市场价高于合同价农民不愿出售的占 45.9% , 因减产无法兑现合同的占 28.4% 。由于契约化程度低,契约的约束软化,农户与批发商之间缺乏基本的信用和承诺,从而在农产品交易中产生了强买强卖、以次充好、哄抬价格等机会主义行为,增加了双方的交易成本和流通费用。

3.1.3.2 农村土地流转中的失约问题

通过土地流转可以实现土地相对集中,消除土地细碎化经营之弊。土地流转的实践自 20 世纪 90 年代开始至今从未停止过,且流转范围越来越广,规模越来越大,方式越来越多。2016 年 8 月 30 日,中共中央审议通过了《关于完善农村土地所有权承包权经营权分置办法的意见》,该意见明确指出,要深化农村土地制度改革,实行土地所有权、承包权和经营权"三权分置"。于是,全国再次掀起了土地流转热潮,新型经营主体纷纷进入,投向农业领域的社会资金不断增加。社会资本为农业发展带来了资金、技术和先进的经营管理模式,有效弥补了农民相对匮乏的市场意识,有利于快速推进农业现代化进程。可是,由于土地流入方经营能力及风险防范手段的限制及各类自然灾害等原因,导致土地流入方因经营不善而长期亏损甚至破产,进而无力支付土地租金,出现土地流入方单方"毁约"甚至"跑路"状况,农民土地租金"打水漂",退回的土地要么是基础设施遭毁坏,要么是土地短期内无法耕种,要么是错过了耕作农时,严重挫伤了农户参与土地流转的积极性。

3.1.4 生鲜供应链中造成诚信问题的原因分析

3.1.4.1 "个人利益至上"观念的影响

随着市场经济的发展,公众的"竞争"意识日趋强烈、"逐利"观念日渐浓厚,在市场化浪潮中,"物质即一切""物质是衡量一切的标准"等。价值取向和价值观念成为一些公众的不二选择。在处理个人利益与国家利益、眼前利益与长远利益时,所持的道德观念是个人利益优先的观念。为了实现这一目标,参与主体在生产、加工、销售、售后服务的过程中，出现违背市场诚信经营价值取向而产生制假售假、诚信缺失、表里不一等现象也就不足为奇。参与主体对经济利益的追求，不仅仅是止于"温饱"问题的解决，而且有了"更高标准"的要求，甚至产生严重的攀比心理。

3.1.4.2　法律法规意识的欠缺

社会主义市场经济首先是一种法制经济，无论是在城市还是在农村，在发展市场经济的过程中都必须做到依法经营、坚持依法办事。然而，受"权大于法""皇权不下县""天高皇帝远"等错误思想的影响，再加上以前农村社会现实生活中出现过"有法不依、违法不究"的错误导向，致使一些生鲜供应参与主体法治观念淡薄、法律意识欠缺，违法经营的事件频频发生。从主观层面来看，一些参与个体在生产经营的过程中，对法律法规的威严性缺少全面和系统的认识，一旦遇到不利于自身的事情时，便无视法律法规的存在，而只求实现自身利益最大化；还有一些参与主体在生产经营的过程中，自身的合法权益受到侵害，不懂得及时运用法律的武器来进行维护，而是"自认倒霉"或者通过过激的手段来解决。从客观层面来讲，对农产品质量安全问题的社会监督、法律监管和制度约束不力也是造成农民诚信道德失范的重要原因。受农产品生产过程复杂、产品种类产出繁多、经营主体分散等特点的制约，以及农产品质量安全监管部门职责不清晰的影响，使得一些农民敢于钻法律的空子。即农民生产加工一些不符合食品安全标准的农副产品，被发现的概率低，即便被发现受处罚的力度也较小，在这种"失信成本低、经济收益高"的诱惑下，一些农民往往敢于铤而走险。

3.1.4.3　诚信道德教育的缺失

多数生鲜供应参与个体因平均受教育程度偏低，科学文化水平有限，对自身诚信道德重要性的认识也就不足，这也是导致诚信问题的重要原因。一直以来，农村文体活动是社会主义主流意识形态传播的主要载体，然而由于组织机制的不健全使得有系统、有组织的精神文化生活基本上处于软弱涣散的状态。由于先天受教育程度偏低，后天接受继续教育的机会较少，导致一些参与个体的诚信道德低下，习惯性地过量使用化肥、农药，生产经营过程中缺斤少两等成为一种常态，他们意识不到诚信道德缺失对消费者，对全社会，对自己甚至子孙后代所造成的危害。

3.1.4.4 工商资本盲目下乡

在 2013 年中央一号文件"鼓励和引导城市工商资本到农村发展适合企业化经营的种养业"精神激励下，各经营主体伺机而动，一些工商企业调整经营战略，全力投资农业领域，土地流转呈现出了"投资主体多元、投资领域宽、投资步伐快、投资理念先进"之状况。工商资本投资农业，在提高农业经济效益等的同时，一些工商资本"有实力争地，没能力种田"，且对农业基本属性认识不足，对农业投资的长期性缺乏准备，对风险性防范也缺乏经验，盲目跟风，动辄上千亩地拿地，可是生产、技术、管理等都没有及时跟进，再加上全国经济下行压力和"不谙稼穑"的短板，致使惨淡经营，拖欠租金或"毁约弃耕"。

3.2 供应链新技术应用是影响生鲜产品安全问题的重要手段

3.2.1 冷链体系是解决生鲜产品安全供应的基本途径

3.2.1.1 生鲜产品的特点

生鲜产品较其他产品而言具有其独特的自身特点，主要包括：①易损性。生鲜产品大多都质地鲜嫩、含水量高，在整个物流过程中会因为振动、摩擦、碰撞等机械作用而受到机械损伤，从而增加了货损成本。因此，这种特性对物流的设施设备、装卸、搬运次数和物流运输路径、时间、距离都提出了限制。②鲜活易腐性。由于生鲜产品在常温下不易运输与储存，长时间放置将丧失其营养成分和食用价值，因此在物流过程中要根据农产品的这一特性安排合适的运输工具，采取措施来维持鲜活农产品的新鲜度。③规格多样性。鲜活农产品种类繁多，形状、质量参差不齐，单位产品价值低，对运输条件的要求却很高，进而造成其物流成本一直占其总流通成本的大半部分。

这些产品鲜活而极易腐烂，这种自然生物特性导致鲜活农产品物流成本比普通物品的成本要高很多；农作物生长依赖于自然环境，按照自然规律而生长，受自然环境因素的影响，体现出鲜活农产品的季节性、地域性、周期性、风险性等生产特性。要使鲜活农产品形成"买全国、卖全国""随时吃、随时有"的局面，就必然需要完善功能强大的物流体系来保证。鲜活农产品具有需求量大、单位产品价值低、货架期短、流通环节损耗大的商品特性，导致物流服务者的经营风险高。

3.2.1.2 我国生鲜产品冷链物流保证产品品质的现状

我国鲜活农产品冷链物流尚处于起步阶段，还无法很好地满足鲜活农产品的特殊要求，与发达国家的冷链物流相比，不管是在物流成本、产品损耗率，还是流通加工增值比率上，更是存在较大差距。

在物流成本方面，发达国家占总流通成本的 10%，而我国高达 60%，大大超过了发达国家的平均水平，说明我国生鲜产品流通过程中的物流成本非常高，已超过了总流通成本的一半；在损耗率方面，发达国家只有 5%，而我国达到了 25%，说明我国冷链物流技术落后，导致鲜活农产品损耗率非常之高，经济损失惊人；在流通加工增值比率方面，发达国家为 1∶3 以上，而我国为 1∶0.8，说明发达国家在鲜活农产品流通过程中通过清洗、包装、分拣等一系列流通加工作业其价值为其初加工价值的 3 倍以上，而我国由于生鲜产品流通加工水平有限和流通过程中的损耗严重造成产品不但没有增值反而不如初加工的价值水平。因此，快速发展并逐步完善我国生鲜产品冷链物流体系是保持生鲜产品品质和提升产业效率的重要途径。

3.2.1.3 冷链物流对生鲜产品品质控制的重要性

以蔬菜为例。温度是影响蔬菜采后寿命最重要的因素。高温会加速蔬菜的成熟、变软，使蔬菜的质地和颜色发生变化，加快微生物和病原菌生长繁殖，引起蔬菜的腐烂，产生异味异臭，风味丧失，营养成分大量损失使蔬菜品质降低。而低温可以抑制蔬菜的呼吸作用和酶的活力、减缓化学反应速率，抑制催熟、软化、组织和色泽的变化引起的蔬菜衰老，抑制微生物和病原菌的生长，防止某些蔬菜的发芽。所以，适温条件下的冷链物流是保持各种蔬菜高新鲜度品质的不可缺少的重要条件之一。

一些蔬菜特别是果菜类蔬菜如黄瓜、茄子、番茄、菜豆、青椒等，对低温比较敏感，在不适温度下（冰点和临界低温之间）贮藏容易造成生理代谢失调和细胞膜结构损伤，即所谓的冷害。冷害导致蔬菜的抗病性和耐藏性下降，造成严重腐烂和品质劣变。同时，大部分冷害症状在低温环境或冷库内不会立即表现出来，而是在产品环境温度升高后才显现。因此，冷害的症状具有潜伏性，所引起的损失往往是不能预料的。在冷链物流保鲜各环节中，易发生冷害的蔬菜需要在每个环节都控制好它们所处的环境温度，防止冷害的发生。

3.2.2 高效安全的保鲜技术是解决生鲜产品安全供应问题的重要方法

3.2.2.1 生鲜产品供应过程中的生理反应

（1）呼吸变化

一般植物生理组织在受到外界伤害之后，呼吸强度明显上升。有试验表明，模拟滚动选果、装箱、加压及受到小的外伤等都会立即引起果蔬呼吸强度的升高。温州蜜柑由于跌伤造成呼吸强度上升的同时，伴随着出现化学成分的变化。梨在装箱过程中，由于振动受机械伤，呼吸强度也显著增加。不论是由于振动还是果蔬搬动过程中产生的机械损伤，均可导致呼吸强度上升，加剧果蔬内含物的消耗，从而导致口味下降。

（2）褐变

果蔬褐变是酶促反应的结果，由于生鲜农产品受到外伤，表皮结构受到损害，细胞质外流，产生氧化反应而使果蔬表面呈现褐变，从而降低商品品质。

（3）风味变化

生鲜农产品在物流过程中受到机械伤害后，呼吸强度明显上升，在糖、酸等有机物质被消耗的同时，产生不饱和醛、酮等物质，使新鲜果蔬产生异味，失去原有的风味。

（4）腐烂

生鲜农产品在物流过程中极易产生外伤而受到致病微生物的侵害，导致新鲜果蔬发生腐烂变质。

3.2.2.2　生鲜产品主要保鲜技术

生鲜产品保鲜是根据其品质特点和腐败变质机制，在其生产和流通过程中采用物理、化学或生物方法处理，抑制或延缓生鲜产品的腐败变质，保持其良好鲜度和品质的技术。目前生鲜产品保鲜方法主要有物理、化学和生物法三大类，每类方法又衍生出很多新技术，各自依托不同的保鲜原理。虽然各种保鲜手段的侧重点不同，但都是对保鲜品质起关键作用的因素进行调控。首先是控制生鲜食品生理、生化变化进程，从而延缓品质劣变进程；其次是控制微生物，主要通过控制腐败菌来实现。主要保鲜技术有低温保鲜、化学保鲜、生物保鲜、气调保鲜、超高压保鲜、辐照保鲜、臭氧保鲜等。此外，近几年一些新的保鲜技术，包括复合保鲜技术不断涌现，如临界点低温高湿储藏、高压静电场处理保鲜、细胞间水结构化气调保鲜、热激处理保鲜等，对生鲜产品的品质维持起到了良好的作用。

3.2.3　贮运环境控制是解决生鲜产品安全供应问题的有效手段

3.2.3.1　生鲜产品物流过程中的振动与物理损伤控制对产品品质的影响

由于物流保鲜过程与就地贮藏保鲜存在很大的差异，造成生鲜农产品在物流过程中产生特殊生理反应。不论采用上述何种运输方式，都有一个共同特点，即生鲜产品的运输过程始终处于振动的环境中，极易造成物理损伤。由于各种新鲜果蔬对冲击的抵抗力不同，因此，生鲜产品耐贮运性也不同。

3.2.3.2 生鲜产品物流过程中温度控制对产品品质的影响

温度是影响生鲜农产品贮运质量的一个重要指标。在运输过程中温度波动越小，对生鲜农产品造成的损失越少。常温运输时，在没保温包装的环境下，其品质受气温影响而发生变动，尤其在夏季或严冬季节的影响更为明显。低温流通的温度范围基本上与低温贮藏的适温相同。但在实际运输过程中，生鲜农产品保持某一固定温度是非常困难的。在运输期间，由于外界环境不断改变，常会出现变温或短时间的低温中断等现象。生鲜产品的物流保鲜过程相对于长期贮藏来说是短暂的，因此在一个合理的温度变化范围内也能达到恒定低温的效果。而每个环节延续的时间长短与保鲜所允许的温度变化范围相关，物流时间越长，允许温度变动幅度越小。

3.2.3.3 生鲜产品物流过程中湿度控制对产品品质的影响

生鲜产品含水量是体现其新鲜程度的一个重要指标，萎蔫不仅使生鲜农产品失去新鲜状态，而且使各种酶代谢失调，大多数果蔬失重率为3%~5%时，即对其生化代谢及硬度会产生极显著的影响。

3.2.4 信息技术发展是实现生鲜产品安全供应的新途径

3.2.4.1 信息技术在生鲜产品供应链管理中的运用

学者从农产品供应链的产生着手，探讨了信息技术在农产品供应链管理中的应用。由于农产品生产与消费的分离，农产品的生产越来越专业化，生产者为了降低市场风险，对农产品生产资料供应、农产品生产和加工、农产品流通、农产品运输和仓储、农产品包装和销售等环节进行了产供销一体化的供应链管理。

农产品供应链信息共享、风险共担的特点决定了任何一个环节点的不安全因素都会产生农产品安全问题，而且会导致整个农产品供应链的安全危机和社会稳定。因此，为了保证农产品供应链的安全，运用农产品物联网的 EPC、RFID、GPS、ONS 和 PML 等技术，在农产品供应链各环节建立实时、全面的电子化信息，实现农产品在各环节的履历和身份的追踪和监督，保证食品安全实时监管。基于农产品生产者产前、产中和产后的供求关系的一体化整合来适应市场变化，农产品安全问题并非农产品供应链产生的初始动因，但是在一个整合的农产品供求链条中无缝嵌入食品安全追踪信息，不仅补充了农产品供应链管理中食品安全监管的技术缺陷，同时也有利于农产品供应链的供求关系管理的优化。

3.2.4.2 基于信息技术的生鲜产品供应链的产品信息传输、收集与集成

农产品物联网是把农产品生产的各环节基于 RFID 技术的信息采集、传输和处理、无线传感技术和 GPS 与信息系统建立非接触的信息交互处理，形成农产品物质世界与信息世界之间的农产品信息高效转换、处理和反馈，也是基于互联网、传统电信网等载体实现农作物生长、农产品流通等环节信息的集成。目前对农产品物联网的卓越有效研究主要体现在将物联网的若干技术运用到对农产品质量信息的获取方面，如监测动物的饲养环境信息；利用射频识别技术对果树信息的监测等。

3.2.4.3 基于信息技术的生鲜产品安全问题事后责任溯源

基于物联网的信息采集和查询技术能够有效实现生鲜产品安全的事后追溯研究，如法国和荷兰等国的畜产品的质量安全责任追溯体系；英国的家畜质量跟踪系统（CTS）；日本的农产品质量市场追溯系统；澳大利亚的牲畜追溯识别计划；加拿大的牛肉制品的标识制度等。农产品质量追溯系统能够在整个农产品供应链各环节中记录并存储农产品质量信息，当农产品质量安全事故发生后，可以及时查询到安全问题源头，

并对造成安全事故的个人或组织进行有效的事后惩罚。

3.3 供应链监管是影响生鲜产品安全的重要途径

3.3.1 生鲜产品生产者对生产过程监管是保障农产品生产安全的重要途径

以有机生鲜产品种植为例，分析其生产过程中存在的风险，主要包括以下几类风险。

3.3.1.1 产品种类的风险

根据相关产业发展报告和农业系统开展的有关农产品质量安全普查与风险监测报告显示，蔬、果、茶和食用菌等产品高于粮棉油糖等产品。短季生长产品高于长季生长（一年与多年生的）产品。单一种植产品高于轮作（含间作、套种）种植产品。收获鲜质产品高于收获干质产品。储藏类产品高于非储藏类产品，因储存保鲜的需要而增加了杀菌剂、防腐剂、熏蒸剂和非法添加物等使用的风险。设施栽培高于露地栽培，因设施栽培病虫发生加剧，又缺乏针对性有效防控措施而增加了用药的风险，设施栽培避免了雨水冲刷和减弱了阳光辐射，施药后的消解速率明显减慢，产品质量安全隐患剧增。

3.3.1.2 生产过程的风险

产前主要是工业"三废"和城市垃圾排放、农业投入品的二次污染，导致农田生态系统的间接污染，引起产地环境变化。

因地块面积过大、农户涉及过多又增加产地环境控制的风险和隐患。产中主要是农业投入品使用的直接污染及平行生产的存在。误用化学农药、化学除草剂或选用检验不合格的生物农药防治病虫草害。土壤培肥和种植施肥过程中，沤肥、堆肥的控制不符合相关标准要求，商品有机肥和生物肥选用不当，生产商违规添加化学肥料而不标注，使用大型养殖场粪肥、限用人粪尿、禁用化肥和城市污水污泥等规定执行不到位。产后主要是收贮或包装、运输过程中的混杂和交叉污染。存在有机与非有机、有机与转换期产品平行收获，造成交叉混晒、混装、混运、混堆、混包。收获后，焚烧秸秆或田边杂草灌木，未正确处理田间废弃物。直接包装产品的材料不符合国家食品卫生标准要求，未禁用化学合成的包装材料和杀菌剂、防腐剂、熏蒸剂等。储存场所及卫生条件控制不当，装运前未彻底清洗运输工具，未禁止使用化学合成消毒剂、杀鼠剂、熏蒸剂等防治有害生物。产品外包装上的有机产品认证标志和标识使用不符合要求。另外，我国在农产品生产、运输和贮藏等各个环节中，为改善品质和色、香、味和防腐、保鲜及加工工艺的需要，会使用天然的或人工合成的保鲜剂、防腐剂、添加剂等物质，这给有机生产过程中的质量控制带来了较大风险。

3.3.1.3　产品质量的风险

有机种植类的产品质量风险主要是农药残留、重金属和生物毒素不符合相关标准要求。蔬菜产品中主要有毒死蜱、甲胺磷、水胺硫磷、氧乐果等易超标；水果产品中主要有菊酯类、百菌清、多菌灵、嘧霉胺等易超标。

3.3.1.4　生产管理体系的风险

管理体系文件不全、变更或非有效版本；生产基地或加工、经营等场所的位置图（地块图，车间、仓库、设备分布图）缺失或不明；质量管理手册和生产操作规程的制定、修订不及时；有机检查存在不符合项的内部检查报告和整改报告未留存；各种原始记录和票据凭证不全、不实和保存不当。

3.3.2　生鲜产品销售者对生鲜产品的准入监管是保障生鲜产品安全供应的基本途径

生鲜产品销售者对生鲜产品的监管主要体现在采购、仓储、销售等几个环节，以超市为例，其监管过程中存在的主要问题包括以下几个方面。

3.3.2.1 采购环节

超市生鲜产品的供应商目前主要是超市所在地周边地区的蔬菜种植农户及水果批发商，超市在采购的同时对大部分的产品采取的都是直接装车，只是经过极为简单的初加工，从采购到产品装车的过程中，没有任何的保鲜设施。同时在实际运行中，存在着片面强调低价采购，放松对供应商的商品质量控制的情况。有的超市为了在竞争中保持比竞争对手相对的低价又不降低自己的毛利率，往往一味压低供应商的进价，迫使供应商采用较低质量的生产原料，从而导致食品质量的下降。连锁超市因获得了低价格的生鲜产品，因此对供应商的质量控制也往往采取了相当宽松的策略，进而会更加导致产品质量下降。

3.3.2.2 仓储环节

生鲜产品都有相应的储藏环境。如果蔬的冷藏温度应保持在 0 ℃左右，湿度保持在 80%～93%，大多数超市在食品安全相关设施的投入不够，影响食品的安全性。一般来说，超市食品安全相关设施投入与食品安全成正相关关系。对于冷藏食品，特别是冷冻食品必须采取全程冷链供应，必须要有自己的冷库、冷藏车、冰柜等基本的设施。对于需要进行消毒的物品，需要加大消毒器具的投入。对于供应商的产品需要进行理化检测的，而连锁超市自身又不具备检测条件的，需加大第三方检测的投入。现实中，很多连锁超市处于降低成本，或资金困难等原因，在上述这些方面投入严重不足，从而直接地影响了产品的安全性。

3.3.2.3 销售环节

销售环节是超市生鲜产品安全供应的终端，生鲜产品应处于特定的储藏环境下进行销售，即最终进入消费者手中，现阶段大多数超市这一块的监管尚未很严格。一是质量管理体系设置存在问题，导致食品质量控制执行力差。超市都制定了食品安全管理制度，但在食品质量控制的组织结构设置上存在较大的问题，大多数的超市，没有设置专门的质量控制部门，而是把食品质量控制的职能隶属于采购部或营运部，由于超市总部没有独立设置质量管理部门使得食品质量控制的执行力较差，质量控制会受到其他部门掣肘。二是质量管理人员责任意识不强，员工素质有待提高。现实中，超市质量管理人员素质较低、责任意识不强，也没有深入学习《食品安全法》等相关法律，在工作中，徇私情、不讲原则性。有些员工出于个人利益或部门利益，将某些有质量问题的食品通过修改保质期、更换包装，然后当成合格品出售给顾客，缺乏基本的职业道德。

3.3.3　农业部门生鲜产品抽检体系是保障生鲜产品安全供应的基础途径

3.3.3.1　我国农产品质量安全检验检测体系建设现状

（1）检测体系已初步建立

我国农产品质量安全检验检测体系始建于 20 世纪 80 年代末期，经过 10 余年的建设至 21 世纪初期初步建立了国家级质检中心 13 个，部级质检中心 179 个，省级检验站（所）480 余个，地、市、县级农产品质量安全检测站（所）1200 余个。在"十一五""十二五"期间，投入了大量资金重点建设各级农产品质量安全检验检测机构，初步建成了部、省、市、县 4 级"金字塔"状的农产品质量安全检验检测体系。

（2）实验室仪器设备规格及环境条件起点较高

根据"十一五""十二五"质检体系建设规划，部级研究中心及专业质检中心在仪器设备与实验室环境条件上，瞄准国际一流水平，高起点引进先进设备，建立现代化的分析测试技术手段和与之相适应的实验环境条件。仪器设备的配备率 100% 满足该专业范围内所有国家标准、行业标准和地方标准及主要贸易国标准的检测需要，同时满足该专业领域质检技术研究工作的需要，达到国际同类实验室先进水平。省级质检中心配备保障该省主要农产品、农业投入品和农业生态环境检测需要的仪器设备。重点配备高精密度仪器设备，提升省级中心在安全类检测参数方面的确证检测能力，多台套配备主要参数的检测设备（如色谱类仪器）和现代化的前处理设备，大幅提高检测速度；在实验室建设方面，按照所承担的职责任务和仪器设备配置情况，对检测实验室和工作间进行必要的改建或扩建，使建设后的检测实验室能够在使用面积、布局和环境条件等方面与所承担的检测任务相适应。地市级检测机构重点配备农业产地环境、农业投入品和农畜水产品中农药、兽药残留、有害有毒物质、有害微生物等定性定量分析检测仪器，以及采样交通工具，定量检测仪器设备包括液质色谱仪和气质色谱仪。县级质检机构根据该县或该区域内的农产品特色，开展贴近地方农业生产的公益性快速检测，重点配备农（畜）产品质量安全速测和农业生态环境监测所需的基本设备，以农产品及环境采样、样品前处理、常规检测、快速检测仪器设备为主，并配置前处理等设备。

（3）农产品质量安全标准体系日趋完善

农产品质量安全标准包含质量标准和安全标准，其中质量标准包括如营养成分、口感、色香味、加工工艺等方面标准，而安全标准主要指危害或潜在危害人体健康、动植物及环境相关因素的控制标准，而这些因素主要涉及农兽药残留、重金属污染、病原微生物等生化物质。近年来，农业部加快了以大宗、优势、特色农产品为重点的现代农业产业技术标准体系建设，共组织制定发布了农业国家标准和行业标准8000余项，推动制定地方标准和技术规范18 000多项。

3.3.3.2　农产品质量安全检测技术

现阶段农产品的检测技术主要包括以下3个方面：品质检测、农药残留检测及农业环境监测。

（1）品质检测

当前常用的农产品品质检测技术主要包括：X射线技术、近红外光谱分析技术和机器视觉等。X射线具有穿透能力，当射线穿透待检测对象时，检测对象内部的差异性或者缺陷引起的穿透射线强度上的差异可通过一定方式转换成图像，从而应用于农产品内部品质的无损检测和评价。近红外光谱技术具有无须样品准备、无损、快速、无污染、检测成本低、便于在线分析等优点。

（2）农药残留检测

农药残留检测技术主要包括酶联免疫吸附、生物传感器和拉曼光谱分析。酶联免疫吸附将已知的抗原或抗体吸附在固相载体表面，使酶标记的抗原抗体反应在固相表面进行，由于其专一性好、灵敏度高、操作简便且可进行定性或定量检测，因此可用于特定农药种类的筛查及检测。在生物化学和传感技术基础上建立起来的生物传感器技术利用具有分子识别能力的生物活性物质（如组织切片、细胞、细胞器、酶、抗体、生物膜等）作为敏感材料，与换能器相结合产生对被测目标具有高度选择性的检测器，用于农药残留检测的生物传感器主要有酶生物传感器和免疫传感器。拉曼光谱主要应用于果蔬农残检测。拉曼光谱可直接对果蔬样品进行非接触的无损伤检测，样品可以是毫克甚至微克的数量级，可同时对样品多个指标进行分析。

（3）农业环境监测

农田土壤是各种农作物赖以生存的自然环境，随着工业化发展，土壤污染日益加剧，其中以重金属污染最为突出。近年来，激光诱导击穿光谱技术和 X 射线荧光光谱技术被广泛用于农业环境监测。

3.3.4 法律对违规行为处罚是保障生鲜产品安全供应的有效途径

3.3.4.1 惩罚性赔偿制度的立法现状

我国目前关于食品安全的相关制度在《刑法》《民法通则》《食品安全法》《侵权责任法》《消费者权益保护法》中均有涉及。看似分散在不同的法律制度中，实则规定得较为细致，具体涵盖了食品安全的民事责任规则、赔偿范围、举证责任分配等内容。近几年，我国食品安全领域相关规范的修订对司法实践的影响巨大。如 2013 年颁布实施的《最高人民法院关于审理食品药品纠纷案件适用法律若干问题的规定》，

2015 年新修订的《食品安全法》，2016 年最新修订的《食品安全法实施条例》。

《食品药品若干规定》共 18 条，该规定明确了惩罚性赔偿请求权的独立地位。并明确了消费者在"明知"的情况下仍购买有质量问题的食品、药品，依然可以要求惩罚性赔偿。2015 年新修订的《食品安全法》第 148 条被称为惩罚性赔偿条款，此次修订，修改了旧法第 96 条的内容。修订前的《食品安全法》规定，惩罚性赔偿仅为消费者支付价款的 10 倍。在原有的条款上，修订后的《食品安全法》做出了一些更新：第一，增加支付赔偿消费者受损失的 3 倍作为赔偿金；第二，增加消费者获得赔偿的金额上限，提高至 1000 元。

3.3.4.2 我国惩罚性赔偿制度实践中存在的问题

在新的《食品安全法》实施之前，旧法对惩罚性赔偿的规定尚不完善，导致很多消费者不愿意费心去获得为数不多的赔偿。2015 年最新颁布的《食品安全法》对此做出了更加完善的规定，这一举措激发了民众的维权意识，完善了诉讼制度。但是仍存在一些不足。

（1）适用主体不明确

新《消费者权益保护法》规定消费者和经营者是惩罚性赔偿制度的主体，但是消费者的概念没有明确界定，这给惩罚性赔偿在司法实践中的应用带来了很大的不便，影响了惩罚性赔偿制度的具体适用。关于惩罚性赔偿的适用主体，争议焦点落在了是否应当包含单位上。主要分为"自然人说"和"单位说"。"自然人说"认为消费者仅指自然人，因为保护自然人是法律保护制定的初衷。而"单位说"的观点认为单位应该属于消费者，此观点认为仅仅因为单位人数多，经济实力也较强就否认该单位是消费者，是非常片面的。

（2）监管制度缺失

在一套完整的食品监督体系中，应当包含生产过程中的监督、食品安全预防、问题食品的生产、流通和消费阶段的监管，以及保护责任、举证责任，还有在外部监管等问题的监督。我国目前针对食品安全问题的监督并没有涉及如此广泛的地步，造成了现行食品安全监管体系存在缺位现象。

（3）惩罚性赔偿制度金额设置不合理

新修订的《食品安全法》中，对惩罚性赔偿做出了具体规定，赔偿标准是 10 倍价款或是 3 倍的损失，此次修订虽然相对于旧法有了进一步完善，但是具体实务中仍然存在不足。举个例子说明，消费者买了一个 5 元的面包，因不符合安全标准而导致食物中毒，花费巨额医疗费。该消费者如果要获得 3 倍的赔偿损失，需要自己承担举证责任，而对此的举证本就不易，食物中毒住院的前几天必然也会导致错过最佳搜集证据的时机；此时该消费者如果选择获得价款的 10 倍赔偿，则是 50 元。这种结果显然对消费者而言是极其不公平的。

（4）"支付价款"方式的认定无标准

在网络如此发达的今天，日常消费的过程中免不了利用网络消费，消费者的消费手段也在不断变化，积分卡、淘金币、天猫点等也偶尔代替金钱成为新型的支付方式。在惩罚性赔偿制度中，规定的赔偿方式是以"支付价款"作为标准，但是如何确定支付的价款，在现实中会有一些偏差。例如，遇到积分、淘金币等折抵的情况应当如何折合现金，再例如，采取分期支付方式进行的付款的，应当如何处理已付、未付、利息等问题。对于此类概念界定仍不完善，法律并未对此进行明确规定。

3.3.5 消费者的食品安全意识是保障生鲜食品安全供应的反馈途径

3.3.5.1 消费者食品安全意识的特点

（1）普遍性

由于人类的食品消费行为具有最典型的普遍性，因此消费者的食品安全意识也是普遍存在的。无论任何国家、地区和种族，无论当地的经济发展水平如何，不同层次的消费者都希望获得安全的食物资源，以满足自身的生存与健康需求，这与人类渴望生存的本能特性是相符合的，体现的是普遍性中的共性。同时，尽管食品安全意识在各类消费群体中是普遍存在的，但其实质却有所不同，它与社会的发达程度、经济发展状况，以及消费者的科学文化素质等因素紧密相连。经对各个国家的食品保质期、食品有害成分含量标准、食品生产管理标准的比较不难得出，不同发展程度的国家、地区或民族，食品安全意识的内涵具有很大区别，体现的是普遍性中的个性。

（2）阶段性

食品安全意识变化的阶段性体现在不同的历史时期，不同的社会背景，消费者的食品安全意识具有显著差异。战争或灾难等特殊时期，消费者的食品安全意识主要集中在维系生命；和平稳定时期，消费者的安全意识主要集中在营养和健康；随着社会的进步和经济的发展，消费者的食品安全意识日益增强，向保健、疾病预防和治疗等功能性作用论消费者食品安全意识的特点与作用方面转移。

（3）敏感性

随着社会的发展和人民生活水平的提高，人们越来越重视自己的生活质量，身体健康状况也成为广大消费者倍加敏感的焦点问题。食品是人类赖以生存的物质基础，人类的健康状况与食品的关系当然是密不可分的，人们对健康的敏感性直接导致了消费者的食品安全意识也具有很高的敏感性。另外，消费者食品安全意识的敏感性也有经济方面的原因，食品的腐败变质、食物中毒，以及食物传染病不仅危害身体健康，还会给消费者带来经济上的损失，这也是任何消费者都不能接受的事实。

（4）影响性

在人类的食品消费活动中，某些消费者的食品安全意识会直接影响到其他消费者，有时这种影响能够达到迅速"流行"的程度，其是在社会上具有较高影响力的个人或群体，这种影响作用与诸多因素有关，如消费者的科学素质、媒体宣传、营销推介，以及消费群体的生活习惯和饮食文化等。在我国食品行业发展中，这种事例屡见不鲜。

3.3.5.2　消费者食品安全意识的作用

（1）导向作用

消费者的食品安全意识使他们的消费行为具有一定的选择性。消费者认为安全的食品才可能成为食品行业的生长点，也就能引导食品生产者的投资取向。相反，消费者认为不安全的食品，就不可能实现生产者的经济效益，所以消费者的食品安全意识具有强大的导向作用。正确的食品安全意识会促使食品生产者努力提高产品品质，从而引导食品行业的健康发展。因此能否建立消费者科学的食品安全意识是关系到食品行业能否健康发展的重要因素。

（2）监督作用

消费者的食品安全意识对食品原料生产、加工贮运及产品销售过程具有很大的自发监督作用，这也是食品安全监督体系中的重要组成部分和有生力量。除国家职能部门的严格监督管理以外，食品生产者必须面对广大消费者日益增强的食品安全意识，把消费者的需求放在企业经营指导思想的首要位置。没有消费者的认可，任何企业、任何产品都没有获得经济效益的可能。一旦某公司产品的安全性受到消费者的质疑，该产品的销售必将受到影响，甚至会被市场淘汰。

（3）动力作用

任何食品生产者都渴望扩大自家产品所占领的市场份额，获得最大的经济效益，而这一目标的实现，必须考虑消费者对该产品的安全感。在市场经济的大环境中，提高产品质量、提高服务水平、树立企业形象，以加强企业的市场竞争能力，是实现高效益的必由之路。食品生产者只有提高企业的科技创新能力，引进先进的技术与设备，提高工艺管理水平，加强质量监控体系的建设，打造本企业的优质品牌和拳头产品，才能实现企业的自身价值。所以，消费者的食品安全意识可以转化为强大的动力，推动食品科技的全面进步与发展。

3.4 供应链安全风险交流方式是产生食品安全信息不对称现象的主要原因

3.4.1 食品安全风险交流概述

"风险交流"（也可称为"风险沟通"）来自英文的"risk communication"，从 20 世纪 80 年代开始在科学文献中出现相关研究。随着科学技术的发展和人们认识水平的提高，它逐渐演变为一门涉及多领域、多学科的新兴科学。早期的风险交流实际上更多的是单向的信息传播或宣传工作，其主要目的是告知、教育，偶尔也有说服的作用。这种方式缺乏信息的反馈，忽略了利益相关方的关切，存在很多弊病。1983 年美国国家科学研究委员会进行了一项关于联邦机构风险评估工作的研究并发布了一份里程碑式的报告——《联邦政府的风险评估：管理流程》。这份报告首次提出风险交流是风险评估过程中的重要元素，报告同时指出风险交流研究极其匮乏。鉴于此，美国国家科学研究委员会专门成立了风险认知和交流委员会指导这方面的研究工作。1989 年，该委员会出版了一本影响深远的书——《改善风险交流》。书中对风险交流做出了如下定义："个体、群体及机构之间交换信息和看法的互动过程，这一过程涉及风险特征及相关信息的多个侧面。它不仅直接传递风险信息，也包括表达对风险事件的关切、意见及相应反应，或者发布国家或机构在风险管理方面的法规和措施等。"这一定义首次确立了风险交流中"互动"的特征，这也成为其他风险交流定义中必不可少的一条。从此风险交流不再是简单的传达、灌输和宣布等单向行为，而是包含了信息交换过程。

世界卫生组织和联合国粮农组织出版的《食品安全风险分析——国家食品安全管理机构应用指南》中明确指出，"风险交流是在风险分析全过程中，风险评估人员、风险管理人员、消费者、企业、学术界和其他利益相关方就某项风险、风险所涉及的因素和风险认知相互交换信息和意见的过程，内容包括风险评估结果的解释和风险管理决策的依据"。这意味着风险分析涉及的所有人都是风险交流的参与者，包括政府管理者、风险评估专家、消费者、企业、媒体、非政府组织等。欧洲食品安全局将此形象地描述为"我们要在正确的时间通过正确的方式将正确的信息传达给正确的人"。

3.4.2 食品安全风险交流的作用

3.4.2.1 有利于科学理解风险信息

风险交流的首要作用是帮助我们科学理解风险信息。科学发展使得学科划分和专业分工越来越细,而我们的知识面相对越来越狭窄,专家之间"隔行如隔山"的现象越来越明显。公众如果直接面对这些专业信息会产生各种误读和误解,容易出现过度反应或者其他非理性态度和行为。风险交流就是用通俗的语言解释专业问题,让我们能够科学理解风险信息。它能够在科学家、管理者、媒体、公众之间架起桥梁,弥合各方风险认知的差异。

3.4.2.2 有利于食品安全风险管理措施的制定与施行

有效的风险交流有利于食品安全风险管理措施的制定与施行。一方面,当管理者拿到评估结论时,是否能够理解其科学内涵并做出正确决策? 各利益相关方若及时交换信息和意见,可以提高风险管理水平,提高决策的可行性、合理性。另一方面,对外发布的风险信息或风险管理决策是否能够被公众理解并做出正确的知情决定? 有效的风险交流可使生产经营者、消费者和其他利益相关方充分了解决策的依据及管理措施的意义,有利于这些措施的顺利施行。

3.4.2.3 有利于提高政府的公信力

各食品安全监管部门间的风险交流有利于提高政府的公信力。根据《食品安全法》的要求,我国食品安全采用分段监管、各司其职的模式,必然存在各部门间信息不对称、不一致的情况。

例如,"速冻食品金葡污染"事件中出现工商部门与卫生部门的立场冲突,这不仅极大地损害了部门的公信力,也会有损政府形象。如果各部门间在信息发布上能够做好沟通交流,就能够使政府立场明确、口径一致,增强公众的认同感和信任,对重建消费信心具有关键作用。当前食品安全的舆情现状很大程度上是因为公众对食品安全和监管部门失去信心、缺乏信任，而风险交流是重建信心、重塑形象的关键手段。只有通过长期不懈的负责任的行动，以透明开放的工作态度，配合良好的风险交流手段，才能重建消费者信心，从根本上改善舆论环境。

3.4.2.4 缺乏风险交流或交流不当都可能产生意想不到的后果

风险交流失败的案例遍布全球且数不胜数。例如，英国的疯牛病暴发、药物恐慌事件，德国的出血性大肠杆菌疫情，我国的 SARS 疫情、乳品新国标之争等诸多事件中都存在风险交流问题。其后果包括舆论风波，如速冻食品新国标的误读；责任人受牵连，如 SARS 期间全国有千余名领导干部因隐瞒疫情被问责；公众对政府的不信任，如 SARS 暴发后中国政府面临的信任危机；公共卫生政策无法有效推行，如山西疫苗事件；巨大的经济损失，如英国疯牛病暴发；甚至公司倒闭、政府垮台，如比利时二噁英事件导致执政党倒台。

3.4.3 我国食品安全风险交流的现状

目前我国政府机构的食品安全风险交流主要有 5 种方式和渠道。第一种是传统的信息发布，包括新闻发布会、新闻通稿、食品安全预警信息发布、食品监督抽检信息发布、食品安全事件的官方解读等。例如，卫生部的例行发布会，国家食品安全风险评估中心的"炊具锰迁移对健康影响有关问题风险交流会"，卫生部发布的织纹螺中毒预警等。第二种是通过投诉举报渠道和公开征求意见的方式收集食品安全线索和消费者诉求。例如，最常见的"12315"投诉电话、各地方各监管部门的监督举报电话、食品安全国家标准制定过程中向社会征求意见等。第三种是提供信息咨询。例如，全国卫生"12320"的电话咨询中有不少就是食品安全方面的。第四种是健康教育活动。例如，每年食品安全宣传周的宣教活动、"食品安全进农村、进社区、进校园"等活动。第五种是以新媒体为主的交流渠道。例如，陈君石院士的博客和微博、食品安全国家标准审评委员会秘书处微博、全国"12320"微博等，"12320"有时还会通过短信平台向广泛的人群传播疾病预防知识。

3.4.4 我国食品安全风险交流机制直接导致食品信息的不对称和信息透明度的缺失

3.4.4.1 专业检测队伍缺乏，信息采集能力有待提高

与发达国家相比，我国的食品安全资金投入明显不足。关键技术和设备的落后，导致对于一些污染物，特别是新出现的污染物的检测缺乏科学有效的手段，不能全面反映各类食品的整体质量。相关专业技术人员的缺乏也是导致信息采集能力不足的一个重要原因。例如，我国奶制品质量检测水平过低，目前还只是依靠 pH 值和蛋白质含量等几个指标进行检测判断，导致"三鹿奶粉"等有毒奶粉进入市场。

3.4.4.2 网络交流平台的滞后性

目前消费者获取食品安全信息的主要渠道仍然是电视、报纸和专业杂志等传统媒体，而网络的利用并不理想，没有充分发挥网络的作用。主要原因在于食品安全相关网站的宣传力度不够，人们甚至都不知道这些网站的存在。另外，网站动态数据更新速度缓慢或者不更新也是利用率低的一个原因。

3.4.4.3 食品安全知识普及不够，公众参与缺失，信息反馈不足

食品安全交流平台的建立就是让消费者知悉、获取、查找、利用和反馈信息。这不仅仅是政府部门一方的行为，公布、制作、生成和采集信息都需要公众的参与，信息交流是一个互动的行为。而目前的信息交流平台几乎没有反馈机制，消费者为了避免麻烦或反馈无果而往往选择放弃反馈。另外，由于对公众食品安全科普力度低，许多科学信息没有能够在相关的机构、团体、个人之间及时沟通，造成了认识和行动上的

不一致，不利于食品安全问题的解决。

3.4.4.4 对媒体的监管不力，专家的"科学"发声不足

大众媒体是传播信息的重要工具，然而利用食品安全的负面信息炒作新闻，误导公众，为制造轰动效应从而引起社会恐慌，是目前对媒体信息监管不力所造成的后果。同时，在海量信息充斥的媒体中，公众很难判断哪些信息是真实有用的，哪些信息是虚假谣传的。而政府部门和相关的专业人士也缺少及时与公众的沟通，导致政府公信力的下降，这也是食品安全信息交流中的一大障碍。

3.4.5 构建安全风险交流体系过程中生鲜产品供应主体之间的行为互动

政府部门、食品企业和消费者作为生鲜产品的不同参与者主体，在食品安全监管中存在互动博弈关系，包括政府部门与食品企业的博弈、食品企业与消费者的博弈。现实情况下，两种博弈均存在信息不对称的问题，这也加大了政府部门与消费者监督的难度，增加了监督成本，从而影响博弈的均衡解。

3.4.5.1 政府部门与食品企业的博弈

政府部门与食品企业之间的博弈属于完全信息动态博弈。首先，政府部门选择监管的概率与企业生产不合格产品能够获得的额外的利益、生产不合格产品所能节省的成本、生产合格产品所能带来的品牌效应及企业生产不合格产品所受到的政府处罚与信誉丧失带来的经济损失有关。企业生产不合格产品所能够获得的额外利益越高，政府部门选择监管的概率越大；企业生产不合格产品节省的成本越多，政府部门选择监管的概率越大；生产合格产品所能带来的品牌效应及企业生产不合格产品所受到的政府处罚与信誉丧失带来的经济损失越严重，反而政府部门选择监管的概率越小。

其次，食品企业选择生产合格产品的概率与政府部门的监管成本、

生产不合格产品受到的处罚及政府部门不监管而导致食品安全问题出现所带来的经济损失有关。政府部门的监管成本越高，则监管的投入就越少，因而食品企业选择冒险生产不合格产品的概率越高；生产不合格产品受到的处罚越重，企业选择生产合格产品的概率越大；政府部门不监管而导致食品安全问题出现所带来的经济损失越大，必然导致政府加大监管力度和惩罚力度，彼时食品企业的损失将更大，因而食品企业选择生产不合格产品的概率就越小。

3.4.5.2　食品企业与消费者的博弈

食品企业与消费者之间的博弈也属于完全信息动态博弈。首先，食品企业生产合格产品的概率与消费者举报过程中检测、交流产生的成本，政府部门对消费者发现不安全食品的奖励及消费者对不安全食品不采取措施所受到的健康损害有关。消费者举报的成本越高，举报的可能性就越小，因而食品企业会冒险生产不合格产品的可能性越高；消费者成功举报问题食品所得的奖励越大，消费者举报的积极性也越高，因而食品企业生产不合格产品的风险更大，故生产合格产品的概率更高；消费者受到问题食品的损害越大，主动举报的概率就较大，因而食品企业生产不合格产品的风险就越大，生产合格产品的概率就越高。

其次，消费者选择检测、举报的概率与企业生产不合格产品能够获得的额外的利益、生产不合格产品所能节省的成本、生产合格产品所能带来的品牌效应及企业生产不合格产品所受到的政府处罚与信誉丧失带来的经济损失有关。企业生产不合格产品所能够获得的额外利益越高，消费者选择监督的概率越大；企业生产不合格产品节省的成本越多，消费者选择监督的概率也越大；生产合格产品所能带来的品牌效应及企业生产不合格产品所受到的政府处罚与信誉丧失带来的经济损失越严重，反而消费者选择监督的概率越小。

4 农村三产融合理论与实践模式

4.1 农村三产融合概念与内涵

4.1.1 产业融合理论的提出

产业融合理论的兴起最早源于 20 世纪 80 年代因数字技术、信息技术发展而引起的产业交叉，是在最前沿的生产技术进步和充分的现代工业、商业分工基础上的发展新趋势，技术进步和管制放松是产业融合的主要原因。三产融合的分类角度主要有以下 3 种：第一种是按照产品或产业性质分类，将三产融合分为替代性融合和互补性融合，即如果一项技术替代了另一项技术称为替代性融合；如果两项技术相互融合将会产生比单独运行更大的效应，称为互补性融合。第二种是按产业融合的过程分类，将三产融合分为功能融合和机构融合。即如果消费者在日常的消费过程中，发现两个产业的产品之间形成替代关系或互补关系，则称这种现象为功能融合；如果企业认为两个不同产业的产品间存在联系，并同时生产或销售这两个产业的产品，则称这种现象为机构融合。第三种是按技术融合产生的创新性程度分类，Hacklin 等（2005）认为依据创新性程度可以分为 3 种类型，即应用融合、横向融合和潜在融合。应用融合是指将两种以上的已知技术融合产生的成果能够创造更多的附加值；横向融合是指一种及以上的已知技术和一种及以上的新技术融合；潜在融合是指两种或两种以上的新技术融合产生了新的技术概念，并带来了技术发展上的累积性进展。

4.1.2 农村三产融合概念

中国农村三产融合理论是由六次产业化延伸而来，第六产业的概念是由东京大学教授、农业专家今村奈良臣于 20 世纪 90 年代中期提出，其认为第六产业是农村地区一、二、三产业之和（即 $1+2+3=6$）。在后来的实践中，他将其修正为一、二、三产业之积（即 $1 \times 2 \times 3=6$）。研究者认为三产融合可以定义为：在农村地区内，充分有效地利用农村地区资源，以第一产业的农业为基本，综合发展农产品加工等第二产业和农产品直销、饮食业、休闲农业等第三产业等农村各产业有机整合的过程。

研究者认为三产融合从根本上属于产业融合，是基于技术创新或制度创新形成的产业边界模糊化和产业发展一体化现象，通过产业渗透、产业交叉和产业重组等，激发产业链、价值链的分解、重构和功能升级，引发产业功能、形态、组织方式和商业模式的重大变化。就是依托农业，立足农村，惠及农民，重点在县和县以下，关键在创新。

4.1.3 农村三产融合的内涵

农村三产融合通过多种方式打破了原有一、二、三产业之间明确的界限，是农业生产力水平发展到高级阶段的产物，其核心内容是在农业生产进程中逐渐完成农业向第二和第三产业延伸，强调在注重农业第一产业基本地位的前提下，完成三大产业的融合发展，实现农业由过去单一化的农作物生产向着农产品深度加工和流通方向转变，其具有深刻的内涵，具体如下。

4.1.3.1 新兴技术革命是其产生的前提和基础

正如产业融合以信息技术革命为前提和基础，随着数字、通信等先进技术的飞速发展，导致了计算机、电信和媒体产业之间的产业边界日趋模糊化，促使三网融合的产生。而随着现代信息、生物等高新技术向传统农业领域的有机渗透，逐步应用于农业的生产、流通及销售等过程，导致高新技术产业与传统农业之间边界日益模糊、逐步融合，形成了信息农业和生物农业等新型业态。可以说，正是由于新兴技术不断向传统农业的渗透，才导致了农村三产融合的发生，新兴技术革命是提升和引领传统农业在其产业内部及与第二、三产业融合的关键性因素，是前提和基础。

目前以互联网为代表的现代信息技术革命、以转基因为代表的生物技术革命及以高铁为代表的交通运输革命正以前所未有的广度和深度改造着传统农业的生产、流通、销售及其管理方式，新兴技术革命积极推动着农村三产融合的产生和发展。

4.1.3.2 农民及相关生产经营组织是其发展主体

农村三产融合与以往以工商资本为主体，由第二、三产业向农业渗透，通过整合农业资源来实现产业链条纵向扩张做法不同的是，农村三产融合是以农民及其相关生产经营组织为主体的，具体包括专业大户、家庭农场、农业产业化龙头企业及农民专业合作社等。

其中，专业大户是以生产或养殖农畜产品为主业，通过土地流转等途径，形成了一定种养规模的农户，是建设现代农业的主力军。其自筹资金能力、生产经营能力、市场需求导向意识等多方面能力都要强于普通农户，更易采用先进的生产技术和方式来从事农业生产经营活动。专业大户可以在第一产业内部将种、养产业融合在一起，也可以将农业生产与农产品加工、销售等环节融合发展，或通过发展"农家乐"、休闲农业等多种形式来促进农村三产融合的发展。

家庭农场是指以家庭成员为主要劳动力，从事农业规模化、集约化、商品化生产经营，并以农业收入为家庭主要收入来源的新型农业生产经营主体，是适应中国农业农村发展阶段的生产组织方式。家庭农场是专业大户的升级版，他与专业大户的主要区别在于家庭农场是经工商部门登记的法人，而专业大户是自然人。发展家庭农场，既可以有效地降低农产品生产经营成本，提高农产品质量，促进农民收入水平的提高，又可以快速地提升中国农业的资本装备水平，同时还是对工商资本下乡潮的一种有力矫正。

农业产业化龙头企业是指以农产品加工或流通为主，通过利益联结机制，将农产品生产、加工、销售有机结合、相互促进，带动农户进入市场，在规模和经营业绩上达到相关规定标准且经政府有关部门认定的企业，是农业产业化发展的关键。农业产业化龙头企业多分布在粮食种植业、林业、畜牧业、渔业和农产品加工业，他们一般具有较为成熟的产业融合经验和发展模式，在技术、生产、管理及市场等多方面均具有比较优势，是中国农村三产融合发展过程中实力最为强大的主体。

农民专业合作社是在农村家庭承包经营基础上，同类农产品的生产经营者或同类农业生产经营服务的提供者、利用者，自愿联合、民主管理的互助性经济组织，是农村三产融合发展的重要主体之一。在农村三产融合过程中，农民专业合作社一方面可以成为农民开展日常经营活动的指导者，帮助和指导农户制定、开展合理的生产经营计划；另一方面，可以在农民与市场的对接过程中起到"桥梁"和"支撑平台"的作用，把千家万户的分散农户与市场联系起来，覆盖到整个农业的生产、流通、分配和销售的全过程，为广大的农户担负起发展农村三产融合"保驾护航"的作用。

4.2 农村三产融合推动农业经济的理论分析

4.2.1 农村三产融合是应对我国农业经济资源现状的战略调整

4.2.1.1 我国现代农业发展受限于土地资源的稀缺性和细碎化

整体上来看，我国的土地资源存在严重的不足，大多数可以用于耕地资源的土地都得到了有效的开垦利用，土地资源具有稀缺性的特点。同时由于我国数千年的小农耕作传统和家庭联产承包制的政策，耕地分散在小的农户手中，土地资源具有细碎化的特点。近 20 年来，依据现代农业发展的需要，土地流转和规模化经营在农村呈现出快速发展的趋势，但与现代农业发展需求相比，土地集中经营的规模仍然偏低，仅在100亩左右。究其原因，主要在于土地改良成本和流转成本较高，如长期过量、盲目施用化肥农药，导致的耕地板结、土壤酸化现象等问题日趋突出，土壤改良的投入需求较高。流转过程中，基于亲缘、地缘关系形成的自发土地流转成本较低，而农户与农业企业之间以市场和契约为纽带的土地流转价格普遍较高，这些都导致了通过土地集中经营来实现现代农业遇到较大的困难，土地资源的稀缺性和细碎化仍然很大程度上成为现代农业发展的约束因素。

4.2.1.2　高素质青年人才缺失和劳动力总体过剩是我国农业经济资源存在的人才结构性问题

人才是农业经济资源中的重要组成部分，从总体上来看，我国从事农业的人员众多，截止到2014年，我国第一产业就业人员仍占总就业人员的29.5%，从总量上来说，我国农业经济资源中存在较大的人才总量。但由于与工业相比，农业经济效益一直保持较低的水平，使得农村年轻人去农化现象突出，相对高素质的农业人才倾向于进入工业体系。而现代农业发展需要的青壮劳动力和有一定科学技术知识、生产管理素质的专业人才非常缺乏。现代农业发展过程中既面临人才缺失和劳动力不足的困境，还需应对回乡老龄、低技能农民工及留守老人、妇女的再就业需求。

4.2.1.3　农业生产技术及资本投入的需求与供给之间存在着不平衡

与传统农业相比，现代农业对于生产技术与资本投入的需求更为迫切，技术进步是打破农业自然约束的关键因素，资本投入是保障技术应用和规模经营的基本条件。如大型土地深翻犁、自动插秧机、粮食收储机等农业机械的应用，物联网监测、测土配方等改善土地质量的专业技术投入等都需要技术突破与资本的投入，整体来看，现代农业对生产技术和资本投入的需求不断增加。而与此同时，农业又存在技术应用环境复杂、投资大、风险高、回报周期长等特点，直接导致技术进步进展相对缓慢，同时其融资渠道狭窄，贷款规模有限，使得技术及资本的投入明显不能匹配现代农业发展的需求，存在着明显的不平衡。

4.2.2 基于农村三产融合的技术创新增加了劳动投入的效率

4.2.2.1 现代农业技术的应用，可以调整农业生产方式，增加一定时空范围内的劳动投入

以现代农业技术应用为特点的农村三产融合，可以利用生物技术与工程技术的综合应用调控农产品的自然再生产过程，可以利用信息技术和工程技术的结合应用来实现高效的空间布局形态。如温室农业，通过提供科学的土壤、温度、湿度、光照等外部条件和信息控制技术，可以加快植物光合作用的进程和更高效率地利用光照资源。通过循环农业和产业链的整合，可以整合空间并存，有效实现在一定时空范围内的劳动投入。

4.2.2.2 农产品生长不同阶段的价值认知的深入研究，可以提高劳动投入的效率

传统的农业生产中只关注单一的成熟农产品的价值，专注于第一产业的产出，并未考虑不同生长期的加工与商品价值。在农村三产融合背景下，从第二产业和第三产业的角度去对动植物不同生长期的价值再认识、再挖掘，调整农业劳动投入的时空并存方式，提升单位面积的劳动产出和劳动投入的效率。以莲藕产业为例，传统的农业中只注重莲藕产品的价值，在农村三产融合背景下，对荷花、莲蓬和藕带这些不同生产期过程中的产品价值进行再认知和价值挖掘，利用花期开展节庆休闲旅游，新鲜莲子和藕带产品成了经济效益更高的莲藕产业产品，有效地实现了整个莲藕产业投入的效率。

4.2.3 农村三产融合弥补了土地规模化的内部分工不足

4.2.3.1 生产性服务业是农村三产融合促进社会分工的重要形式

生产性服务业属于第三产业，是将原有传统农业产业由农户全部承担的部分功能分离出来，以社会化服务体系来实现这部分功能的专业化与规模化，增加了农业生产的外部规模效益。通过生产性服务业的发展，像工业化过程中的分工一样，生产性服务业将原有的全能的农业从业者转变为集中在某一专业领域的从业者，如专业的农机服务者、专业的中介人等，有效地促进了农业从业者的分工，还有效拓展了农业机械和技术智力服务供给的空间范围和时间跨度，为高投入技术的推广应用提供了条件。

4.2.3.2 农村三产融合通过丰富农村地区就业途径和待遇空间，缓解高素质人才缺乏和总量供给过剩的人才结构性矛盾

农村三产融合的推进，可以有效地提供不同类型的岗位，不同岗位对人才的素质要求和待遇均不同。对于高要求和待遇高的岗位就可以吸引青壮劳动力的回流，也可以吸引农业科技人员及其他城镇人才到农村就业和创业，而那些不需要高技能的岗位及一些细分的服务岗位，就可以为农村留守中老年和妇女等农村弱势群体提供就业，解决他们留在农村的收入和福利问题。通过就业途径和待遇空间的丰富和差异化，就可以有效地缓解农村地区高素质人才缺乏和总量供给过剩的人才结构性矛盾。

4.2.4 农村三产融合引发的农业供给的多样性有效突破了市场对社会化分工的约束

与工业品相比，传统农业始终面临着小生产与大市场的矛盾，并且

随着农业技术的不断推动，农产品供给侧的结构性矛盾长期存在，农业生产与市场的矛盾将成为我国农业发展的主要矛盾。农村三产融合将一、二、三产综合考虑，从需求终端来整体思考农业的供给，就直接引发农业供给的多样性。供给的多样性就必然要求农产品生产的专业化程度要提升，专业化提升的过程，就需要有效地突破供给季节性和鲜活易腐性影响农产品供给的市场大小和市场调节能力的约束，有效突破农业家庭生产方式导致的小生产与大市场之间的矛盾，促进社会化分工，从而突破了市场对社会分工的约束。

4.3　三产融合模式分析

从农村三产融合发展的实践来看，目前已经涌现 4 种主要的发展模式。

4.3.1　农业产业内部整合型融合模式

这种模式是在农业产业内部如种植业、养殖业、水产业等各子产业之间的相互融合，建立起上下游之间的有机联系，有效地整合各类资源，推动农业产业内部各子产业间的融合发展，达到保护环境、节约资源、促进农民增收的目的。以循环农业为例，发展循环农业能够利用相同的能值创造更高的价值，比单独的农作物生产系统更加可持续，环境负载率低，且能值交换率接近普通生产模式的 2.79 倍。目前在中国南方一些地区积极推广的"猪—沼—稻""猪—沼—果""猪—沼—菜""猪—沼—鱼""猪—沼—林"等综合利用模式就是典型的农业产业内部整合型融合，该模式的推广实现了农户家居环境优美、庭园经济高效的建设目标，有效提高了农民收入水平。

4.3.2　农业产业链延伸型融合模式

这种模式以农业生产为中心向前后产业链条延伸，将农业生产资料供应与农业生产连接起来，形成农业产加销一条龙服务。众所周知，在产业链中各环节的主体利益分配极不均衡，以肉鸡产业为例，在整个产业链中，养殖户承担的成本最高，占总成本的80%~94%，但其所得利润仅占11%~30%，收购、加工和销售环节承担的成本低，但却占有绝大多数利润。在实践中众多企业通过多年探索形成了多样化的农业产业链延伸型融合模式，向上游延伸至农业生产资料的供给，向下游延伸至销售、加工服务等环节，完全或部分实现了农业产加销的内部化，节约了交易成本，提高了农业的经济效益。

4.3.3　农业与其他产业交叉型融合模式

该模式以农业为基础，同时植入了文化、休闲、旅游等理念，形成了交叉型融合模式。如农业与文化、旅游业的融合形成了休闲农业，这种高效、绿色、生态的现代化农业发展新型业态，可以将利润留在农村，有效地促进农民增收和农村发展。以江苏省为例，至2014年年底，全省已有各类休闲农业观光园区5100余个，年接待游客达8600万人次，综合收入达到265亿元，大大促进了当地农民增收和农村发展。

4.3.4　先进技术要素对农业的渗透型融合模式

该模式主要通过先进的信息、生物、航天、互联网等技术对农业进行有机渗透，形成了信息农业、生物农业、太空农业、互联网+农业等新兴业态。通过三产融合，有效地提高了农业生产效率，改善了农产品品种，极大提高了农产品的附加值，改进了销售渠道，节约了中间成本。如河北金沙河面业集团，该企业通过粮食产业化经营和互联网营销，使得小麦从入厂到加工品出厂，最高增值比率达到234.50%，带动了3000多个农民就业并实现增收致富。

4.4 三产融合实践与效果评价

4.4.1 城郊传统农业＋休闲观光的三产融合实践

农业与制造业、旅游业结合，通过精心的策划和创新形成新型的创意休闲农业。一、二、三产的创意融合不仅延伸了传统农业的发展空间，带动第二产业的发展，使第一产业摆脱微利、低质，而且开拓了休闲市场的多元化产品，为社会的经济增长带来了活力。同时通过第二产业来改造第一产业，并且通过旅游业带动农业生产要素的整合，有效地促进现代休闲农业的发展，三产联动将带动休闲农业实现健康、蓬勃的发展前景。

浙江上虞拥有国家 AAA 级景区二都杨梅生态园、章镇猕猴桃生产基地和舜耕庄园桑果基地等采摘面积达到上万亩和有利的商贸地位，在2007 年充分融合农业、商业与当地文化，探索出了一条以不同季节的水果为引线的休闲旅游项目，以休闲旅游拉动农业，从而带动商贸的三产融合发展的新型生态旅游之路，称之为"四季仙果之旅"，吸引市内外游客近百万人次，由于符合当下休闲短途的生态旅游趋势，很受杭州、上海等周边城市游客的喜爱，实现"吃、住、行、游、购、娱"各产业的互助式协调发展。

在此基础上，将农产品的种植与农副产品生产环节紧密相连，实现一产与二产的融合。桑果是上虞最著名的"四季仙果"之一，并且也是"四季仙果之旅"之一，受到了各地游客的青睐，为当地旅游业和桑果种植户带来可观的收益。但是桑果是一种产量高且不易储存和运输的水果，当地政府为了减少损失，鼓励当地桑果加工厂的兴建，这样不仅可以保障桑果的销售量，而且保证了桑果饮料与果酒加工原料的品质。上虞舜耕庄园果汁果酒有限公司的成立，是上虞一产与二产融合发展的成功案例，政府鼓励农业与企业建立稳定的合作关系，从而形成产业融合化经营。

同时，推进生产性服务业的发展步伐是二、三产业加速融合的重要环节。随着工业化与城市化的推进，上虞的农产品逐渐商品化的速度逐步加快。为了提高农产品的市场占有率与品牌竞争力，上虞大力发展生产性服务业，推行电商与传统贸易并行的运营模式，鼓励传统农业与加工业线上与线下双管齐下，优化农副产品的销售渠道。主动宣传自己的品牌形象，赶早占领市场，摆脱以往被动且难为人知的销售模式。不仅农副产品，上虞旅游产品的营销也将重心放在线上市场，积极施行网络推广。

4.4.2 农业产业化龙头企业引领的三产融合实践

四川圣迪乐村生态食品股份有限公司（以下简称"圣迪乐村公司"）创建于 2003 年，是国家农业产业化龙头企业——铁骑力士集团麾下的全资子公司，专注于蛋鸡产业发展，打造中国具价值的蛋品产业链。圣迪乐村创建了"产业新村 + 产业村民 + 产业龙头"的新型现代农业发展模式，政府根据产业扶持政策为建立标准化的产业园区提供支持与优惠，农民投入劳动力和适量的资金加盟进入产业园区成为产业村民，在养殖环节分享有保障的利益，而龙头企业则集中优势资源在技术标准、市场营运、品牌建设上，构建资源共有、利益共享、风险共担的三产融合模式。

在实际运行中，依托圣迪乐村公司和铁骑力士集团，同农民专业合作社及农民形成稳定的技术资本服务协作关系，实现优势互补、相互协作。由龙头企业为农户提供养殖设施和圈舍规划方案、畜禽种苗、绿色饲料、防疫用药、技术培训及指导、养殖技术规程，实现了统一提供鸡苗、统一提供饲料、统一提供疫苗药品、统一提供管理、统一回收毛鸡的"五统一"。圣迪乐村公司的蛋鸡养殖、蛋品销售，再到种鸡繁育、蛋鸡料生产的产业链条上，不仅有纵向的链接，更重要的是上中下游各环节的横向发展，形成了集蛋品、蛋鸡、蛋种鸡、蛋鸡料为一体的专业化产业链运营。

4.4.3 基于区域特色产业的三产融合实践

旌德县位于黄山东部山脉，地处皖南山区腹地。境内茶叶种植历史悠久，茶叶品质优良，历史上曾经是炒青绿茶"屯绿"的优质生产基地，全县现有茶园面积达 1887 hm²，采摘面积达 1733 hm²，茶叶无公害认证面积达到 96%，其中有机认证 620 hm²、绿色认证 233 hm²，名茶及相配套的优质茶系列产品的比重占茶叶总产量的 90% 以上，是安徽省 25 个茶叶主产县之一。按照"稳一抓二带三"的工作思路，稳步推进茶产业"一、二、三产"融合发展。

4.4.3.1 稳步发展"一产"

坚持把建设高标准、高质量的现代生态茶园作为茶产业发展的第一要务，注重旅游元素的加入，通过美化茶园生态环境，配套修建休闲观光设施，推动茶园资源的开发利用，既提高了茶叶生产能力，又增加了旅游景点，实现了茶叶生产与乡村旅游的有机结合，打造了一批较具规模的标准化茶叶基地。如庙首镇祥云村万亩猴魁基地、白地镇汪村和版书镇龙川村千亩白茶基地。

4.4.3.2 着力抓好"二产"

发挥主体带动作用。县级财政每年安排专项资金扶持休闲农业和乡村休闲旅游发展，着重培育新型农业生产经营主体，全县初步形成农业龙头企业、农民专业合作社、家庭农场互为补充、共同发展的茶产业生产经营体系。成立于 2014 年的安徽天山现代农业产业化联合体，下辖 3 个公司、2 个合作社、10 个家庭农场，拥有天山真香茶叶生产基地 200 hm²，全自动清洁化加工厂 3000 m²。联合体统一提供种苗、统一供应生产资料、统一生产技术规程、统一技术培训、统一收购加工、统一包装和销售，提升了各基地加工能力和产品质量，增强了品牌影响和市场竞争力。

4.4.3.3 带动发展"三产"

发挥地域资源特色作用。通过茶旅互促、以茶促旅、以旅强茶，实行生态休闲、旅游观光、采摘体验于一体的发展模式，实现茶叶生产、加工与文化旅游业的深度融合。围绕各茶园生态环境特色，分类打造，尽显其美，将全县茶园旅游主要建设成两个类型，一类是自然风光型，另一类是体验观光型。

4.4.4 基于农业科技园区的三产融合实践

2013 年 4 月，鹤壁国家农业科技园区入选国家级农业科技园区，其核心区面积达 3613 hm^2，示范区面积达 8000 hm^2，辐射区面积达 20 万 hm^2，总投资 5.3 亿元。该园区以粮食生产、精深加工为主导，以种子、粮食高产集成技术栽培模式、农产品精深加工、农业生产现代装备等为主要内容，以循环型农业、循环型工业为发展方式，以探索农区新型农业现代化、新型工业化、新型城镇化和信息化"四化同步"发展模式为目标。经过多年的探索与实践，园区已成为浚县推进农村三产融合的一种有效模式。

4.4.4.1 转变农业生产方式，实现多渠道质量追溯

园区已打造清洁粮源基地 2000 hm^2，标准化畜禽养殖区 67 hm^2，特色经济作物和林果业种植区 267 hm^2，形成了"高标准粮田 + 农机合作社 + 青贮玉米 + 规模化养殖 + 有机肥加工"产业链。园区以农业优势资源为依托，以畜禽养殖加工为主，带动土地流转、果蔬种植、光伏发电、观光农业等相关产业的发展，推进优势农产品板块基地建设。通过集成先进实用技术、推进标准化生产、实行专业化社会化服务等措施，把产业链条延伸到田间，努力发展现代农业，把农业大田建成"第一车间"。

4.4.4.2 拓展农业多种功能，推动新型城镇化发展

园区在鹤浚快速通道两侧建设 133 hm^2 世界小麦文化休闲体验带、100 hm^2 农业科技实验区、200 hm^2 农业生产示范区、167 hm^2 循环农业及综合新能源实践区等项目。发展农业综合效益，拓展农业休闲、观光、娱乐、体验、参与、培训、科普等功能，推动产业链延伸，通过发展旅游产业辐射带动农家乐、农产品的消费增长，促使消费结构升级转型。通过建设设施农业展示区、生态循环养殖区、花卉苗木栽培区、自由采摘百果园、度假养生观光园等功能区，积极推进农业与第三产业深度融合。推进休闲乡村田园、休闲农业星级示范、特色景观示范创建活动等，培育休闲度假产品，发展到村到户休闲项目。

4.4.4.3 发展现代商业模式，打造先进技术孵化基地

鹤壁农业科技园区将物联网、大数据、电子商务等互联网信息技术越来越多地应用在粮食种植、畜禽养殖、农产品加工、物流配送等领域，从而加速了园区现代农业发展的步伐。从 2010 年起园区内中鹤集团以"经济实效"为出发点，规划打造了全方位立体化的互联网＋平台，引进"星陆双基"系统建立物联网四情监测站，将卫星遥感与地面传感、无线通信进行有效结合，通过对生态环境参数的实时、动态、连续监测及通信网、互联网、物联网与卫星通信网四网技术的融合，及时掌握各农机设备的分布及作业情况，满足了对农机跨区作业的科学引导、合理有序调度，实现了从种到收的全程机械化水平和统一耕作、统一供种、统一灌溉、统一施肥、统一植保、统一收割的"六统一"作业。同时，通过互联网等信息技术对农业的渗透，打造了一个集农村农资电商直供 O2O 服务、农产品产地直供信息对接服务、农信咨询服务、科学种植和农技服务、农村金融服务、智慧农业等为一体的农业信息化综合服务平台，构筑起园区内食品安全产业链保障体系。

4.4.4.4 培育多元化经营主体，创新利益联结机制

近年来，园区一方面积极培育新型农业经营主体，构建新型农业经

营体系。大力扶持新兴职业农民、种养大户、家庭农场、专业合作社、龙头企业等，发展多种形式规模经营；另一方面，园区通过政策扶持、加大资金投入、优化发展环境等措施，不断吸引大批企业入驻。目前，园区内有规模化龙头企业4家，合作社10家，种养大户、家庭农场等近50户，拥有中鹤集团、浚县鹤飞农机服务专业合作社、鹤平长丰家庭农场等企业。园区赋予新型农业经营主体市场主体的地位，为经营主体提供生产性服务，引导健全运行机制，促进产销对接，促进各经营主体自身延长产业链条，发展初加工、地产地销等新型产业形态，培育优势产业、推进农业产业化经营，不断延伸上下游产业链条，提高产业发展水平，提升农产品附加值，促进产业深度融合。

5　三产融合优化生鲜供应链机制分析

5.1　利益链融合有效促进了传统农业发展和农民增收

5.1.1　生鲜产品供应链不同参与主体利益分析

5.1.1.1　农户和农业合作社

　　生鲜产品供应链的源头是农户，其利益诉求是实现农产品价值最大化和收入最大化，但由于其体量微小，使得其无法以对等的地位参与到农产品交易对手（农产品加工企业、经销商和农产品连锁超市等）的价格谈判中，其博弈的结果经销商和农产品连锁超市通过压低价格而造成该主体整体利益被压缩。正由于个体农户这个"先天不足"的特点，农业合作社组织应运而生，农业合作社是把一定地域内农户按自愿的方式组织起来，以利益共享、风险共担为原则，实现合作社内生产互助、技能学习交流、产品交易和市场开拓规模效益共享等，来发挥农产品生产者的合作优势和规模优势，加大其参与农产品定价权谈判的筹码。

5.1.1.2　生鲜产品加工企业和经销商

　　农产品加工企业和农产品经销商都是农产品进入连锁超市前的中间环节，其主要是通过提供适合农产品消费的半成品或制成品（农产品加工企业）和交易服务（农产品经销商）来获得自身经济利益的最大化。一般来说，它们在与农产品连锁超市进行农产品交易活动中往往是以多对一的关系而存在，为避免不利的谈判地位或找寻更有利的交易机会，农产品加工企业和农产品经销商们可能会选择背弃合约精神、弄虚作假、以次充好等背信弃义方式来求得短期利益最大化，这必然影响到供应链后端的农产品连锁超市及整个链条的正常发展。

5.1.1.3 生鲜超市

生鲜超市可实现农产品集和散的功能，通过统一采购配送、统一包装设计、统一经营方式和服务理念等来实现标准化和规范化，从而降低成本，增加收益。生鲜连锁超市由于市场占有率大，对农产品的需求交易（集合功能）和供应交易（销散功能）的作用都会不同程度地影响农产品的供应形态、特点和体量，从而可能造成对农产品价格形成机制的垄断性作用。

5.1.1.4 消费者

生鲜产品供应链的末端是消费者，消费者在生鲜超市购买生鲜产品时，由于消费者的收入、年龄、文化层次和在超市消费农产品的频次和数量的差异，使得消费者对农产品需求层次也不尽相同。但总体上是为了获得几类主体的共同利益诉求，即获得优质、安全和价廉的农产品。

5.1.1.5 中央政府

中央政府作为现代农业发展的主导主体和顶层设计者，在宏观政策制定、体制机制保障、国家财政投入等诸多方面，统筹兼顾了保障食物安全、促进农民增收、保护生态环境、促进农业可持续发展的现代农业的发展目标，在生鲜产品供应链追求的是国家整体利益，其利益诉求是全面的、效益和可持续并重的。

5.1.1.6 地方政府

地方政府作为中央政府的权利延伸机构，是国家权力的具体执行者，接受中央政府的指令，贯彻执行中央政府制定的各项政策。

地方政府作为区域社会经济发展的利益主体，可以在中央政府给定的政策框架内运用自身掌握的资源，追求自身效益最大化，具备了"理性经纪人"的基本特征。因此，地方政府在生鲜产品供应链中虽然也关注食物安全和农民增收，但更关注现代农业发展对区域经济发展带来的实际利益，而不太关注环境保护和农业可持续发展问题。可见，地方政府在生鲜产品供应链中更多追求的是区域经济利益和自身政治利益，其利益诉求是局部的、效益优先的。

5.1.2 利益协调是实现生鲜产业链供应主体产生经济关联的主要原因

5.1.2.1 生鲜产业链供应经济主体之间利益冲突分析

利益驱动是一般的经济规律。龙头企业、农民合作经济组织、农户通过产业链发生经济关联，其目标是获取更大的经济利益。龙头企业获得较稳定的原材料来源，农户获得较稳定的农产品销售渠道，他们之间形成较稳固的供销关系，其本质上就是形成一个利益联盟。由于历史的原因，我国农业的生产、加工、销售环节被人为地割裂，农产品的绝大部分增值收益被加工和销售环节占有。在农业产业链条上，龙头企业是强势集团，处于优势地位；农户是弱势群体，处于劣势地位。龙头企业势力强大，并且控制着加工、销售环节，直接面对市场完成农产品最后的价值实现，他们获得农产品增值利益的巨大部分。农户弱小和分散，与龙头企业价格谈判的能力低下，只能被动地接受合约和价格，他们的利益诉求往往得不到有效的应对。

在农业产业链条中，农户提供的初级农产品只是中间产品，而中间产品的定价权基本掌控在收购方即龙头企业手中。虽说价格是以价值为基础，并受供求关系影响，但是由于我国农业生产经营分散、规模小，以及农产品的市场信息不对称等因素，导致龙头企业占据绝对谈判优势，掌控着实际的定价权。龙头企业为了降低原材料成本，在收购时常常会压质压价，导致农户利益受损。在这样的情况下，农户为了获得公平利益，也会调整其行为，例如，主动违约将初级农产品销售给出价更高的其他收购商，导致龙头企业失去稳定的原材料来源。龙头企业不承诺保护农户利益，农户也不承担对龙头企业的责任，结果是导致双方信任缺失。双方违约的目的都是为了获取更大的收益。但是，违约导致的信任缺失会增加交易成本，破坏农业产业链运行的稳定性，甚至有可能导致产业链条断裂。这样，各主体的利益也得不到保障。

所以，农业产业链平稳运行的基础是要有一个有效的利益协调机制，对链条上各主体既激励又约束，促使他们共同完成价值创造，共同承担产业链风险，共同分享产业链利益。

5.1.2.2　生鲜产品供应链主体利益协调的原则

（1）利益协调的利益共享原则

利益共享是生鲜产品供应链利益协调的首要原则。生鲜产品供应链是多元经济主体合作博弈的系统，以利益最大化为目标，而合作则是实现利益最大化的前提。生鲜产品供应链各主体在通过关联与协同实现整链利益最大化的同时，各主体追求自身利益的最大化，他们之间存在利益的对立性。如果产业链各主体不能公平地分享农业产业链利益，各主体之间就会引发利益矛盾和利益冲突，从而影响产业链条的运行。生鲜产品供应链生产、加工、流通各环节主体共同创造了产业链价值，各环节主体就应该有权共享产业链利益。这是生鲜产品供应链健康稳定运行的前提条件。

（2）利益协调的保护农民原则

保护农民利益是生鲜产品供应链利益协调的基本原则。培育生鲜产品供应链的目的有两个层次，一是通过一、二、三产业联动发展增强农业的竞争力；二是通过产业关联把生产、加工、流通主体结为一个经济联盟与利益联盟，让农民分享加工与流通环节的价值增值来实现持续增收。也就是说，生鲜产品供应链培育的目标之一是促进农民增收。在生鲜产品供应链各主体中，由于实力的悬殊、信息的不对称及农民组织化程度低等原因导致农民往往处于弱势的地位，农民们的利益往往得不到保护。通过生鲜产品供应链培育，让农民分享加工、流通环节的农产品价值增值，既是促进农民增收的需要，也是促进龙头企业发展的需要。在生鲜产品供应链利益协调中，充分而倾斜地保护农民利益是农业产业链自身发展的需要。

（3）利益协调的集体谈判原则

集体谈判是生鲜产品供应链利益协调的有效途径。农民由于组织化程度低，长期以来只能被动地接受利益的分配，影响利益分配的能力低，甚至在面对损害自己利益的行为时，农民少有抗争的手段。造成这种情况的一个重要原因是农民分散，没有形成强大的集体谈判力量。而龙头企业是农业产业链上的强势集团，拥有很强的谈判能力，因而能在产业链利益分配中获得较大的份额。要改变这样的情况，必须提高农民的组织化程度，以集体谈判的形式与产业链其他主体谈判，这是保障农民自身利益的最有效的途径。

（4）利益协调的统筹兼顾原则

统筹兼顾是生鲜产品供应链利益协调的根本方法。在生鲜产品供应链利益协调中必须整体利益与个体利益，眼前利益与长远利益综合考虑，统一安排，兼顾各方。按照利益协调理论，各方利益需求是可以实现均衡协调的，但是在现实中这是不可能完全实现的。因而，在协调利益矛盾时需要统筹兼顾，把握生鲜产品供应链全局，协调好各主体的利益关系。生鲜产品供应链培育的目的是实现各主体利益的最大化，因而生鲜产品供应链上各主体的利益需求都应当得到尊重。但是，生鲜产品供应链上各主体的利益要求也要有各自的边界，任何个体的利益都不能凌驾于产业链整体利益之上。

5.1.3　利益链融合的三产融合模式助推传统农业升级

5.1.3.1　利益链融合的三产融合是深化农业结构调整的重要动力

农业发展从传统农业向现代农业迈进的关键时期，以"三产融合"理念发展现代农业，将为农业产业结构的优化升级开辟新的发展空间。"三产融合"，从初级的农业种养业内部结构优化，催生和拓展出生产、加工、流通、销售等新环节，并不断向农业深度和广度发展，实现农业结构由"内部优化"向"内外联动"转变；用工业化理念改造农业，积极发展精深加工，拉长产业链条，打造供应链条，形成全产业链条，形成"一产接二连三"的互动型、融合型发展模式；充分利用农村青山绿水、农业田园风光，发展生物质农业、生态农业、休闲农业等新型业态，在强化农业传统"吃饭产业"基础上，进一步发挥农业就业增收、保护生态环境、传承历史文化等多重功能，促进"传统农业"向"现代大农业"转变。

5.1.3.2 利益链融合的三产融合是吸引资源要素进入农业的根本途径

农业现代化的过程，就是不断吸引土地、人才、资金、技术、管理等先进资源要素进入现代农业生产，并逐步实现优化组合的过程。过程之中，其中一些要素必然出现配置不足，成为制约现代农业发展的"短板"。一、二、三产业融合互动，有助于不断补齐"短板"，持续注入现代农业发展新动力。通过培育家庭农场、农民合作社、龙头企业等新型农业经营主体方阵，破解"谁来种地"之忧；通过引导建立产业政策、财政政策、金融政策"三位一体"协同推进的支持格局，化解现代农业高成本之困；通过科技进步提高农业资源利用率，以"互联网＋"平台推动农技成果进村入户、落地生根；通过发展农业社会化服务等农业服务业，不断提高农业生产集约化、专业化、组织化和社会化。

5.1.3.3 利益链融合的三产融合是提升传统农业核心竞争力的必然选择

农业产业弱，弱在比较效益低。农产品价值链是由农业生产资料供应、农产品生产、加工、储运与销售等环节从事农产品价值链增值活动而形成的链状结构，价值链逐步向外拓展，初级农产品前伸后延，价值链也逐步上升，带来价值增值，形成"U"分布。一、二、三产业融合互动，一方面通过延伸产业链条实现农业附加值的增加；另一方面通过拓宽产业链条实现农产品综合利用程度，促进农业比较效益提升，提升整个产业的竞争力。同时，一个不容忽视的趋势，外资利用兼并收购等方式控制相关农业产业，四大粮商在粮食主产区收购粮食加工企业，三聚氰胺事件后，"抢购洋奶粉成为中国奶业的耻辱"，农业产业控制权和定价话语权被严重削弱。只有通过"三产融合"构建、改造全产业链，是应对国际竞争的必然选择。

5.1.4 利益链融合的三产融合模式促进农民增收

5.1.4.1 建立多种利益联结机制，增加农民收入

农村三产融合发展，实际上是整合一产农业资源，创新和扩大第二产业生产，提高产品加工能力，提高产品附加值，同时带动餐饮、旅游、服务等第三产业的发展。充分发挥市场配置资源的决定性作用，调动融合主体的积极性，进行利益联结机制建设，让农民真正分享产业链延伸、加工和流通环节的利润，促进利益联结机制把多种利益紧密联结，使利益联结的基石更加坚固，壮大发展产业链，有效促进农民增收。

5.1.4.2 加强培训力度，提升农民增收能力

农村三产融合发展能够强化培训力度，同时充分利用"新型职业农民培育工程""农村实用人才"等培训项目培训职业农民实用人才。培育跨产业、懂技术、善管理的复合型人才。以推广实用技术为重点，多渠道开展农业职业技术培训，多形式开展农产品加工储藏和保鲜技术等实用技术培训，不断提高农民整合利用资源、参与三产融合发展的水平和整体素质。加强培育农民转变农业发展的思维意识，引领农户参与产业融合发展，促进农民快速增收。

5.1.4.3 增加农民务工新领域，拓展农民增收新途径

发达国家大部分农业劳动力集中于农产品的加工、销售上，呈"凹"字形分布，我国农民主要还在生产环节，"凸"字形分布结构明显，直接制约农民从价值链中分享收益。如何在高基数的基础上，应对

成本"地板"抬升和农产品价格"触顶"的双重挤压,构建农民增收长效机制,必须更大力度促进农民创业,推动农民劳动力就业结构向价值链两头延伸,农民经济形态向创业经济转变。通过"三产融合"推动现代农业的衍生经济发展,带动新业态、新工种的兴起,催生家庭农场主、农业职业经理人、休闲农业导览员、沼气工等新兴职业,让更多农民找到新的增收门路。农民既可以在农业领域扩大生产规模、调整生产结构、改变生产经营方式,也可以在二、三产业开店设厂,提供产品和服务,实现创业致富。

5.2 产品链融合实现了产品品质保持技术的应用

5.2.1 农产品商品化处理有效促进了产地初加工技术的应用

5.2.1.1 农产品商品化是现代化农业发展的基础

(1)农业的市场化必然要求农产品商品化

现行分户经营的体制,决定了农产品生产的首要目的是解决农民一家一户自己吃饭穿衣的生存问题,满足家庭自身的需要是生产的第一出发点。这种以家庭为一个独立生产系统的生产方式,由于其产品大部分不与外界发生交换,对其生产调控最直接的是自身需求和自然条件生产目的与市场形成了天然的屏障,社会需求对农产品生产的调节功能极弱。对整个社会而言,绝大部分农产品没有进入市场流通,没有成为真正的商品,实际上属于自然经济范畴,只有农产品商品化才能有效实现农业的市场化。

(2)农业的规模化必然要求农产品商品化

要实现农业的规模化生产,首先必须实现农产品的完全商品化。只有实现农民以自己消费向完全为社会提供消费品为目的转变,使其自身消费品也完全依靠其他生产者和经营部门,生产产品完全进入流通成为商品,让市场调节和合理配置农业生产要素,从根本上促进土地的合理流转,才有可能在农业生产的各个领域实现规模化生产,克服劳动生产率与单位面积产量的矛盾，降低成本、保证质量、提高效益，实现农业的规模化。

（3）农业的专业化必然要求农产品商品化

实现农业专业化生产的首要前提仍然是农产品的完全商品化。农产品的完全商品化，意味着农民不再自留口粮，产品全部流入市场。通过出售产品的收入，在市场上自由选购生活和发展生产的必需品。如果农产品不是完全的商品化，农民仍以生产口粮为第一生产目的，他们的生产计划就不是市场主导，而是自我需求主导，将包含家庭生活所需的多种农产品生产，长期难以突破自给自足的小农自然经济，专业化生产就不可能在农业生产的各个领域全面推进，至多只能在那些商品率较高的产品上进行松散的专业化生产。

5.2.1.2 农产品产地初加工技术是农产品商品化处理的基本途径

农产品初加工是指对农产品一次性的不涉及农产品内在成分改变的加工，即对收获的各种农新产品（包括纺织纤维原料）进行去籽、净化、分类、晒干、剥皮、沤软或大批包装以提供初级市场的服务活动，以及其他农新产品的初加工活动。农产品产地初加工向上延伸至育种、种植、采收，向下延伸至农产品精深加工，是整个农业产业链条承上启下的重要节点，是连接农村和城市的纽带。农产品产地初加工所指的范围主要有：①粮食、油料等农产品的干燥、清选、分级、包装、贮藏、搬运等；②果蔬等园艺产品的预冷、保鲜、贮藏、分级、清洗、整理、包装、集散、运输及其干燥等；③畜禽产品的收购、处理、屠宰、冷藏、运输等；④其他农产品：毛皮、棉麻、秸秆、农产废弃物的处理、加工、利用等。

农产品产地初加工的任务是：通过机械的，或物理的，高效率、集约化处理，提高农产品的利用率，把农产品转化为满足现代物流条件的，或消费者、食品工业方便使用的商品。其目的和意义在于：有利于产地形成特色优势农产品，有利于实现农超对接，扩大产地市场，增加农民收入。同时对保证食品数量、质量安全，稳定市场价格，减少生产者和消费者的损失也可发挥关键作用。农产品产地初加工亟须解决的问题主要是：农产品作为商品，其集散、清选、干燥、保鲜、贮藏、运输和营销信息应相互配套协调，与城乡居民消费方式及国际市场的发展要求相对接。

然而，众所周知，中国农村及其古老传统落后的农产品产后处理方式还相当普遍。例如，全国各地道路、屋顶晾晒粮食随处可见，其造成的污染和损失难以估量，因不能及时处理、贮藏带来的产品霉烂、变质问题，多年困扰着农民和威胁着国家粮食安全。农业现代化需要先进的农产品产地初加工设备、设施支撑；同样，先进的农产品产地初加工设备、设施的实现，更需要现代化农业的带动。一家一户分散生产，农民往往连自身的生活都难以维持，通过农产品商品化进程的推进，农业经营主体可以变得强大，能够有效地推进农产品初加工技术的研究和应用。

5.2.2 销售对生鲜产品货架期要求加快了保鲜技术的发展与应用

5.2.2.1 超市生鲜产品损耗原因分析

（1）采购过程

生鲜产品的采购环节，是一个交易性的环节，需要采购商与供货商之间沟通交流。首先，采购商应该清楚自己所需要的产品规格、鲜度、等级等，一旦采购商弄错自己所需产品，或者理解不当，那么供应商提供的声线商品也会随之出错，继而提供不符合要求的生鲜产品。在采购商将这批不符合需求的生鲜商品运送至连锁超市时，损耗也就会随着出现。

（2）订货过程

在订货过程中发生的损耗比较常见，一般是连锁超市的订货工作人员对需求的理解有误，或者工作中出现失误，导致订购的生鲜产品超过所需数量。过量的生鲜产品既不能退换，又存在逾期储存的危险，引起生鲜产品的损耗。

（3）验收过程

在生鲜产品验收过程中造成的损耗，往往是人为因素导致的。生鲜产品的限制性条件非常多，如产品的水分含量、鲜度、冷藏适宜温度等，在验收生鲜产品的过程中，必须确保生鲜产品符合标准需求，不能出现超出限定条件以外的生鲜产品。而在验收这一过程中，比较考验验货员的经验判断，验货员一旦存在判断失误，或者计算失误，就很可能造成生鲜产品在验收这一环节的损耗。

（4）储存过程

在生鲜产品的储存阶段，常常会出现生鲜产品的损耗情况。产品储存过久，不仅其本身的生鲜价值下降，同时没有使商品快速流通，加大储存成本，也降低商品的价值。一般而言，连锁超市的供需关系存在较大偏差，会导致商品过度储存。比如，某一种类的生鲜产品采购的数量过多，或者没有深入了解市场需求变化，导致某一生鲜商品的堆积等。

（5）加工过程

连锁超市在生鲜产品原材料购入之后，还需要按照消费者需求和自身需求，加工生鲜产品。在生鲜产品加工过程中，比较容易出现的损耗现象是产品水分的散失。对生鲜产品来说，水分是保险保值的重要保障，水分流失，容易使生鲜产品遭受较大损耗。除此之外，在加工工程中，容易使生鲜产品附带加工工具的杂质产生损耗。

（6）管理过程

由于生鲜产品管理因素造成的损耗也是常见的一种形式。对生鲜产品的管理标准可能与实际操作存在偏差，造成人为影响因素，形成损耗。如生鲜产品在连锁超市的陈列方式，由于陈列方式不对，或者理货补货方式不当等，也可能引起生鲜产品的损耗。

从生鲜产品损耗原因分析来看，超市可以通过加强管理等因素避免部分消耗，但如果保鲜技术可以获得突破和应用，将会减少生鲜产品的损耗和弥补超市管理中存在的问题，可以有效地促进保鲜技术在生鲜产品上的应用，同时超市经营的规模化和规范化也为保鲜技术的应用提供了基础。

5.2.2.2　生鲜电商流通过程中对生鲜产品的品质要求推动了保鲜技术的研究与应用

我国生鲜电商市场可谓热闹非凡，不断有新兴企业进入搅局，更有行业巨头投资下注。前景或许诱人，必须面对的现实却是：绝大多数的生鲜电商仍处于赔钱赚吆喝的阶段。导致我国鲜活农产品电商整体盈利不佳的主要原因在于中国鲜活农产品保鲜与物流技术落后、冷鲜仓储设施少、大部分时间无任何温度控制、在产地存在很大浪费等问题，保鲜势在必行。

目前，我国鲜活农产品占世界产量的 30% 左右，但是贮藏的现状还非常落后。我国物流损失率达 30%，发达国家不超过 3%；我国冷链流通率占总产量不到 5%，发达国家为 80%；商品化率我国不到 20%，发达国家达到 90%；在气调贮藏方面技术差异也很大。气调技术是目前鲜活农产品贮藏最常用的技术，在发达国家应用最为广泛。而我国气调技术应用不足 5%，荷兰已达到 85%，甚至达到 90%。

（1）保鲜重在技术

对于鲜活农产品而言，贮藏非常重要。鲜活农产品在采摘之后，体内还储存了一定的能量，依然是生命的活体，仍然会进行呼吸作用，而呼吸就会消耗氧气，同时释放出二氧化碳和热量，导致水分、营养物质的流失，鲜活农产品在采摘之后，所有的营养物质和水分流失之后，便再也无法再生，这也是其很难处理的原因。

（2）功夫在产后保鲜

鲜活农产品保鲜是一个科技含量很高的系统工程。总的归纳起来为 6 个方面：一是标准化种植。目前，我国在种植上存在很多问题，如重金属超标、农药残留超标的问题，因此要把握好首要环节，就是要标准化种植。二是标准化采摘。如果在采摘过程中形成机械伤，贮藏时就会存在很多问题，随后就会影响产品质量、外观、口感。三是标准化仓储。采摘成熟度控制的同时做好降温、降氧工作。四是标准化分选。包括通过机械化、自动化分选，来代替人工分选，既提高效率和标准，又提升农产品的质量。五是标准化包装。包装是提高农产品品质化和商品化，提升品牌与价值非常重要的手段。六是标准化物流，因为常温物流很容易造成交叉感染与污染，在国外通常都是冷链物流，而我国物流水平相对滞后。标准化建立后，安全追溯系统的建立也非常重要，安全追溯系统要在产地、加工环节建立。建立追溯系统的好处是，可以进行生产经验总结与大数据积累。最后，通过冷链运输形成严格的农超无缝对接，这样便形成了完整的产业链传输系统，为鲜活农产品的安全、健康、质优提供了保障。

现如今，鲜活农产品电商这一市场已经成为很多商家拓展的新市场，资金并不缺乏，但在相关环节技术上却还远远未能跟上产业的发展需要。如果解决了鲜活农产品在流通领域的保鲜技术问题，也就破除了鲜活农产品电商很难盈利的一大障碍。

5.2.2.3 消费者反馈提供了生鲜产品包装技术应用方向

包装，是品牌理念、产品特性、消费心理的综合反映。包装具有保护商品、传达商品信息，方便使用和运输、促进销售，提高产品附加值的功能，在生产、流通、销售和消费领域发挥重要作用。时代的发展，造成了市民百姓的需求提升，以顾客为中心，从百姓消费心理出发，仅仅满足于将物品包装牢固不破如今已不能适应生鲜产品的供应。消费者对生鲜产品购买意愿的反馈对包装技术产生了新的需求和提供了技术应用的方向。

（1）小型化

目前，城镇市场的食用农产品消费已出现现买现吃的特点，而市场上的食用农产品包装还有很多在 10 kg 以上。针对这种现象，及时推出 1~5 kg 的轻便包装，将会更受消费者欢迎。

（2）精品化

很多进口的食用农产品在国内市场上比较走俏，其主要原因除品质好外，包装精美也是一大因素。食用农产品生产者如果在包装设计和印刷上多下功夫，销量一定会更好。

（3）透明化

消费者在购买食用农产品时，都喜欢看看实物。因此，在包装时采用局部透明或全透明材料，既展示产品的品质特点，又增加了包装的美感。

（4）组合化

在市场销售的实践中，一部分食用农产品生产者刻意把不同颜色、品种的食用农产品进行组合包装，消费者在营养饮食、多样饮食宣传的影响下，会增加购买欲望，促进食用农产品销售，效果非常理想。

（5）环保化

针对目前包装污染严重，食用农产品生产者就地取材，用绿色植物来包装食用农产品，如用竹筒、树条编织物、荷叶等，既节能环保、又美观无污染，享受低碳生活的消费者非常喜欢。

（6）礼品化

针对部分消费者购买精致食用农产品为送礼的特点，生产者们投其所好，推出了礼品化包装，如馈赠包装大闸蟹、地方特色野山菌、绿色食品草鸡等，也很受消费者欢迎。

（7）集约化

为了方便运输，有效保护食用农产品小包装，一些生产企业已经开始利用 10～30 kg 的坚实外包装来进行运输和储存。食用农产品到销售地后，再去除外包装进行销售。保证了销售现场产品包装的完好和美观。

（8）智能化

智能化食用农产品包装在我国还处于研究和应用的初级阶段。一般国外将温度–时间历史记录标识（TTI）、被包装食品内微生物滋生指示标识（MGI）、光致变色指示标识、受到物理冲击标识、渗漏标识、微生物污染标识、无线电射频标签（RFID）、DNA（脱氧核糖核酸）标签等定义为智能包装。目前，国内食用农产品安全形势十分严峻，且已经达到迫在眉睫的程度，因此我们亟须从包装上提高功能化和智能化，最大限度地利用各种手段保证食用农产品质量安全。而智能包装是保证食品安全的有力措施，还亟待开发，市场前景无限。

5.2.3 从农田到餐桌的供应体系提供了信息技术的应用平台

从"农田到餐桌"涉及生产、加工、运输、销售等诸多环节，全程生鲜产品追溯体系框架应该涵盖"从农田到餐桌"产品供应链的全过程，这样的生鲜产品供应体系要求应开展生鲜产品生产、加工、储运、销售等环节的编码技术研究，建立和完善"从农田到餐桌"全程追溯技术支撑体系、产品追溯监督和管理体系及教育培训体系，进而构建全程产品追溯网络体系，基本形成"生产有记录、流向可追踪、信息可查询、质量可追溯"的产品追溯管理新模式，实现"从农田到餐桌"全程产品追溯。主要包括以下几个方面。

5.2.3.1 完善产品供应链管理技术

传统的供应链管理模式，供应链上各企业首先对其内部的业务流程从集成化供应链的角度进行改造与整合，将各种数据电子化，并建立相应的信息系统，为信息共享做好准备。但供应链上各企业建立起的信息系统仅限于企业内部，企业间的接口很薄弱，形成了供应链上的追溯信息"孤岛"。"从农田到餐桌"生鲜产品供应链管理模式是一种集成化的管理思想和方法，它把企业内部和供应链节点企业之间的各种业务看作一个整体，将企业内部的供应链与企业外部的供应链形成一体化的管理体系，而实现供应链上企业间信息共享，帮助供应链上的生产商、加工商、销售商建立一条畅通的信息通道。

5.2.3.2 完善食品追溯关键指标筛选技术

生鲜产品追溯关键指标有效筛选是有效追溯关键之一，能否筛选一套标准化且具有科学性和适用性关键指标体系，决定了追溯的成败。从生鲜产品追溯体系建设主体来看，指标筛选要考虑到追溯系统自身需要，要满足企业和政府监管的需要及消费者需要，以均衡各方面利益。关键追溯指标的筛选应符合确证性（筛选的指标能确证产品的原产地、加工历史和应用状况）、适用性（筛选的指标适用性广，指标采集工作简单易行）、符合性（筛选的指标符合食品安全相关的法规、标准和规范的要求）、精确性（筛选指标真实有效，防止人为造假）、连续性（指标筛选要满足食品供应链"向前一步，向后一步"可追溯原则）、经济性（要考虑到企业成本问题，依据实际情况确定追溯宽度）、导向性（以追溯效果为导向，适时调整关键追溯指标体系）等原则。

5.2.3.3　完善食品追溯的编码技术

根据对"从农田到餐桌"进行全程追溯的要求，发展生鲜产品生产、加工、储运、包装等各环节的标志与编码技术；建立对全程产品标志与编码的技术体系，是开展生产产品安全追溯的基础。

5.2.3.4　完善生鲜产品供应链中各环节信息衔接技术

追溯信息衔接问题严重制约追溯体系开展的步伐。可采用信息技术实现供应链中各环节的信息衔接，信息技术的实现信息衔接基本前提是对不同的产品实行代码化管理。这里所说的代码不仅仅是上市产品的追溯码，而是从源头到终端市场对各个阶段不同形态生鲜产品、相关机构责任人等均实行编码管理，追溯信息衔接的实质就是通过编码的关联管理来实现。

5.3　服务链融合解决了生鲜供应主体之间的信息不对称问题

5.3.1　传统农业与加工业的融合解决了初级农产品生产安全信息向加工业的传递

5.3.1.1　传统农业的小规模与分散性参与者为主体的方式影响生鲜产品的安全

在市场经济中，消费者的需求导向决定着生鲜产品的生产。生鲜产品提供者采用对环境友好的方式生产安全产品，就需要更多的投入，只有对无公害的绿色生鲜产品付出额外的"溢价",才能支持生产者采用更多的技术来保证产品的高品质和安全。而传统农业由个体的流通业者收集分散农户生产的产品,个体经济占相对多数,所有参与者之间不存在长期性的契约关系,交易之前没有承诺,交易之后也不存在约束。这种以小规模、分散性参与者为主体的供应模式,缺乏对农户进行组织、教育、培训、监督和激励的主体,使安全信息无法进行传递。这样,在投机意识的驱使下,一部分农户就会采用非安全因素进行生产,如滥用化肥和农药等。

5.3.1.2 农产品加工与传统农业的融合促进了安全信息的内部化

21世纪以来,一部分农产品加工企业为稳定农产品的供应,开始突破组织边界向上游延伸,或者拥有自己的农产品生产基地,或者与大批小规模农户通过合同关系进行联结,农户按照加工企业提供的技术、品种和生产标准生产农产品,或者通过专业合作社,把自己农产品采购计划和种植标准直接落实到生产环节,从而形成农产品加工与传统农业的融合。通过这样融合,农产品加工企业通过制定和监督农产品生产加工过程中的安全标准、化学药品的投放标准及可追溯性的规则,对生产环节进行管理,这样在降低交易成本和市场风险的同时,对生产过程中的安全信息进行了有效管理,实现了安全信息从农业生产向农产品加工的转移。

5.3.2 加工业与销售业的融合解决了生鲜产品加工安全信息向销售终端的传递

5.3.2.1 生鲜产品加工者与销售者之间存在着博弈关系

"加工企业 + 农产品经销商"的合作体现的是一种委托 – 代理关系,他们之间构建的是一种战略联盟组织,其属于较高的产业链发展组织形态,要求参与合作成员具备较高的信用水平。但实际中农产品的加工商与经销商虽有长期合作关系，但缺乏明确的书面合同，需每次根据不同的行情进行事项的协商，价格也随行就市。受信息不对称的影响和机会主义的驱使，产生逆向选择与道德风险的可能性较大，主要表现在经销商依靠自己掌握的市场信息能够随时增减订单。一般来说加工企业与批发市场的合作，大都采取奖励与惩罚并存的形式，而与大型超市的合作主要以奖励为主。但不管采取哪种合作方式农产品经销商均存在隐瞒成本信息的行为，很难实现双方的长期共赢合作。在这样的背景下，在产品市场开拓的过程中最常见的问题是经销商压价收购、高价售出，隐瞒成本信息，存在成本的虚报，且更倾向于销售对自身有利的产品品牌，损害加工企业的利益，双方存在基于销售成本隐瞒的动态博弈情况。

5.3.2.2 生鲜产品加工者与销售者的纵向经营一体化能够有效促进安全信息的传递

纵向经营一体化模式就是将生鲜产品加工者与超市联合起来，形成一个统一体，由其中一方进行供应链的延伸来实现纵向一体化，共同决策，从而实现整条供应链的利益最优。

（1）超市主导的纵向经营一体化模式

为了能够优先采购到具有竞争力的蔬果来获得顾客的青睐，部分规模较大的超市就把业务进一步向生产环节延伸，从而实现了超市主导的纵向一体化。超市主导的纵向经营一体化模式可以充分利用超市的配送渠道、信息管理及促销宣传等，有利于生鲜农产品的品牌塑造、营销推广。乐购就是采取这样的模式，先选取具有相当规模和组织化程度高的农场进行改造作为农超对接的合作伙伴，对相关人员进行专业的培训和辅导，并对整个生产的全过程进行"监控"，以保证食品安全和产品的质量，在农产品进行收获时，再做最后的验收，这种方式也使得农产品的溯源成为可能。

（2）生鲜产品加工者主导的纵向经营一体化模式

当生鲜产品加工者的规模较大，资金实力也比较雄厚的时候，为了能够更好地掌握终端市场的需求情况，也为了缩减流通环节以获得更多的产品附加值，加工者就有动力进一步向下游环节延伸。这种经营模式一般都采取连锁经营的方式，由加工者（或和当地政府等合作）来建立配送中心，统一对配送区域的各销售终端进行配送。加工者主导的纵向经营一体化模式可以让生产及加工者充分分享流通环节的利润，更有利于增加农户的收入，保障农户的利益，同时有利于推广有地方特色的农产品，打造知名品牌。随着现代农业的发展，产地农民的组织化程度不断提高，未来这一模式也会越来越多。

从整体上来看，加工业和销售业的融合能够提高农产品的品质和安全性。销售业对农产品的质量、规格、卫生检验检疫标准、农产品农药化肥使用及残留情况等都有比较严格的规定和检测标准，会在采购前对农产品的生产基地进行食品安全检测，有效采集相关信息，在加工业和销售业融合的情况下，相关的生产安全信息不会从博弈的角度进行隐瞒与造假，从而实现了安全信息从加工业有效准确地传递至销售业。

5.3.2.3　物流行业的融入解决了加工业和销售业难于了解物流过程中安全信息的问题

（1）生鲜产品供应链物流安全风险分析

物流联系生鲜产品供应链各个节点，是影响生鲜产品安全风险的重要因素。生鲜产品物流存在腐败变质、化学污染、包装破损和过期食品的问题。造成安全问题的原因有物流企业管理水平低、物流经营者缺乏相应的技术能力、基础设施投入不足、物流中间环节过多、物流从业人员缺乏食品安全意识、政府监管不力和相关法律法规不足。物流企业管理不善和中间环节过多直接增加生鲜产品配送时间，加大产品腐烂概率，迫使生鲜产品加工企业使用化学防腐剂。如"甲醛白菜事件"，由于物流企业配送选择不佳，通过对白菜注入甲醛防止白菜腐烂，造成食品安全事故。物流从业人员在不按物流标准和要求进行运输和存储的情况下也将导致食品安全风险的增加甚至食品安全事故。

（2）流通环节食品可追溯过程信息有效传递制约因素

1）生鲜食品冷链物流体系尚未建立

对于有较长保质期的食品，一般对流通环节的环境无特殊要求。而保质期较短的生鲜及速冻类食品，其流通环节的环境要求是始终处于适宜的低温控制下，这样才能最大限度地保证其品质、降低损耗、控制污染。否则，不适宜的流通环境将造成细菌及有害物质产生，对食品质量造成一次乃至二次污染。目前我国生鲜食品流通环节中可以实现适宜环境的冷链物流比例不高，例如，果蔬的冷链流通率为5%、冷藏运输率为15%，肉类的冷链流通率为15%、冷藏运输率为30%，水产品的冷链流通率为23%、冷藏运输率为40%。而发达的欧美国家，其冷链物流量已占其国内销售总量的50%以上，日本98%的果蔬通过冷链流通，我国尚未建立较为全面的生鲜食品冷链物流体系，致使食品可追溯信息有效传递无法进行。

2）流通环节过程可追溯信息缺失

生鲜及速冻类食品流通环节的可追溯信息采集困难。一方面是因为我国尚未建立相应的食品冷链物流体系，而传统的物流体系不利于这些食品的品质安全保障；另一方面，即便部分生鲜及速冻食品实现了以冷链物流方式流通，但因其流通过程和外界环境的动态性、有害微生物侵蚀的专业性，使得流通环节的可追溯信息采集仍存在困难，造成食品流通环节的过程可追溯信息缺失。

（3）自建冷链物流网络能够有效地实现安全信息的获取

借助自营的冷链配送体系，通过标准化的配送流程，可以实现生鲜产品在产地运输、干线运输、仓储、终端配送四大环节的全程冷链无缝衔接。以京东生鲜自建冷链物流网络为例，目前，京东除拥有专属冷链运输车、创新第四代配送箱外，自有冷库也均是按照高标准建设的，例如，仓库有多个温控区域，可以满足不同生鲜产品对温度的要求。针对最难实现标准化的仓配环节，京东生鲜更创新了"京东产地协同仓"的运营模式，减少流通环节，实现生鲜服务体系的标准化，进一步提升消费者的"新鲜"体验。在冷链监控方面，京东生鲜打造了生鲜产品温湿度监控平台，从商品入库、存储，一直到客户手中，每一个流转环节，通过GPRS功能实现全程实时温湿度监控，确保商品在仓储、运输、配送环节的温度可控、时效可控、品质可控。同时也有效地实现了相关安全信息的传递和获取。

5.3.2.4 相关信息的传递有效解决了监管部门向消费者提供全面安全信息的问题

（1）食品安全监管实质上是对食品安全信息的监管

建立食品安全信息共享机制，减少各部门收集信息的成本，整合食品安全的信息资源。在分段监管体制下，每一阶段、每一个环节的监管部门都应在掌握充分信息的基础上进行有效管理或治理，但这些信息都是本部门收集与整理出来的，不同部门之间的信息不畅通，每个监管部门都是"各成一体"，如此，必然会大大增加各部门进行监管信息收集的成本，造成监管效率低下。因此，最好的方式与措施就是，建立我国统一的食品安全信息共享平台。一旦这个平台建立起来并能有效运转，那么它就可以实现监管信息资源的整合，极大提高食品安全的监管效率，节约监管成本，使现存的监管力量发挥其最大的效用。

（2）食品安全信息供给是政府进行食品安全监管的义务

消费者与政府之间安全信息不对称，政府各监管部门有法定的监管权力、拥有相关的检测设备与能力，因此可以掌握日常监管的食品安全信息，但是对消费者而言对食品安全信息的搜寻成本过高，消费者即使有对食品安全信息强烈的需求，也无法全面准确地获知相关信息或者缺乏对安全信息的辨别和防范能力。食品安全信息不对称导致消费者"逆向选择"，其直接结果就是食品安全难以获得有效的保障。在食品市场上，理性的食品生产者为了获得市场份额及最大化利润，将会通过各种努力，甚至以牺牲消费者利益为代价而降低食品生产成本。例如，为保持产品的产量和外观，大量使用农药、兽药、化肥、化学制剂、食品添加剂等具有现代化生产印记的投入品，导致食品质量下降，甚至出现安全隐患。而销售者从技术上不可能对食品的安全进行有效的把关，更为重要的是，经营者根本就不具备基本的动力去监督食品的质量，甚至为了自身的利益而置消费者利益于不顾。因此，在食品安全信息领域，市场存在自身无法克服的局限，依靠政府矫正食品安全信息的严重偏在，就成为维护食品安全消费的必然选择。

（3）权威规范食品安全信息发布能够有效实现安全消费

消费选择本质上是一个对商品信息的甄别过程，只要具有充分、完备、准确的信息，消费者就可以自己做出正确的选择，放心地进行消费。目前，消费者食品消费安全感低的一个重要原因就是缺乏权威、系统及准确的食品安全信息，消费者面对海量模糊的信息不知所措。毋庸讳言，经过食品安全监管部门和食品生产经营行业的共同努力，我国食品市场上安全放心的食品还是占主导地位的，食品的安全水平在不断提高。但是相当一部分消费者对此缺乏深入全面的了解，似乎我国食品市场危机四伏，处处都有假冒伪劣，样样食品都存在问题，甚至一些人还编出段子调侃我国消费者一日三餐吃的都是问题食品。其存在的重要原因是我国的安全食品信息大部分没有为消费者所了解，而查处的问题食品等警示信息的效应在一定程度上被一些媒体不合理放大，以至消费者"谈色色变""谈食激愤"，食品安全消费信心遭到重创，甚至成为影响社会稳定的因素。通过建立权威规范的安全食品信息发布制度，将通过市场监管获得的食品质量信息中的安全食品信息告诉消费者，比将不安全食品信息告诉消费者更有意义。相关安全信息的传递是实现权威全面信息发布的基础和先决条件。

5.4　要素链融合促进了生鲜产品供应链的优化进程

5.4.1　资本链融合优化生鲜供应链的途径研究

5.4.1.1　农业企业存在融资难问题

农业企业特别是中小型农业企业融资瓶颈问题越来越成为制约我国农业发展、新农村建设和农民增收的一大难题。中小型农业企业融资面临着资金可获性难度大、融资渠道单一、资金需求弹性大和回笼资金慢的困境。从中小型农业企业的资金供需情况看，一方面，资金需求具有"急、紧、小、频"的特点；另一方面，资金供给主要来源于自有资金、银行信贷和民间资本。由于中小型农业企业可供抵押的资产少、受自然灾害影响大且缺少规范的信用评级，造成其信贷风险大而难以获得银行的支持，而民间资本又存在利率高、不规范的风险，这些都使得中小型农业企业的资金需求和供给相悖。与此同时，当前金融机构为了加强风险控制和信贷资金管理，使得贷款迅速向规模大、不缺钱的大型农业企业集中，甚至本用于扶持中小型农业企业的资金又以贷款的形式回流到大企业，从而进一步加大了农业企业融资的困难。由于大型农业企业规模大、信誉高、融资渠道多元化，因此资金获得难度小，相反，配套的中下游农业企业融资能力却非常有限。

鉴于此，将供应链融资模式引入农业企业，银行以农业核心企业为中心出发点，为整个供应链成员提供金融支持，这对缓解农业企业融资困境将具有重大的现实意义。

5.4.1.2 农产品供应链融资模式分析

农业供应链融资是银行通过审查农业供应链，根据农业供应链上的真实交易背景及农业核心企业的信用水平，以农业核心企业为出发点，为配套的上下游多个农业企业提供灵活运用的金融产品和服务的一种融资模式。供应链本质上是一种信誉链，供应链是上下游企业之间的信誉连接体系，其核心是供应链上企业信誉的共建和共享。主要包括3种模式，一是针对上游农业企业的供应链融资。在上游的农业企业，如生产资料的供应商或农产品生产企业，往往要采购企业供应原材料或初级农产品（如大豆、粮食、马铃薯），这些产品具有季节性生产、全年销售和常年性消费的特点，并且受自然因素的影响，因此，上游农业企业资金需求呈金字塔形。季节性生产时，需要集中支付购买种苗、化肥、农药及生产性机械设备等资金，这部分资金是上游农业生产企业的重大支出，并且是农业供应链的"源头"，关系到整个农业供应链的循环发展和顺畅流转；生产季节过后，销售期开始，资金需求主要是货物库存或流通，资金需求将呈下降趋势。二是针对下游农业企业的供应链融资。处在下游的农业企业（如批发市场、农贸市场和农产品连锁店）直接面向市场，能够及时有效地响应市场需求，但这些企业往往也是中小型企业，由于其可用于抵押的资产少、产品市场变化快、财务信息透明度低，使企业信用等级较低从而难以得银行贷款。同时，当下游企业面对来自客户大批量的订货需求时，一方面，企业由于自身周转资金缺乏处于弱势谈判地位，难以获得向销货方赊购所需产品的话语权；另一方面，强势的核心企业对下游企业要求先款后货。这样一来，如果企业在有限期限内仍无法筹集到所需资金，那么好的贸易机会也只能无奈地选择减少订货量甚至错失良机。三是针对农业企业库存的商品融资。商品融资是指融资企业以其拥有的可流动的货物交给专业的物流仓储公司保管，与银行、物流公司签订三方协议，并向银行申请短期融资的业务。

5.4.1.3 供应链融资模式的作用分析

供应链融资具有自偿性、封闭性和连续性的特点，在农业企业中采用供应链融资模式其作用主要体现在：①中小型农业企业与核心企业的信用等级处在同等水平，容易获得融资申请；②融资企业以未来贸易产生的现金流作为还款来源，避免了融资企业改变贷款用途，银行的信贷风险能得到有效控制，从而有利于融资企业获得低利率贷款；③长期稳定的供应链融资模式具有可复制性，融资业务可以在上下游企业之间持续发生。

随着农业产业化进程的加快，农业产业集群是我国农业发展的一种趋势。农业产业集群是一个集纵向供应链上企业、横向行业交叉企业、侧面服务机构（如农业科研机构、质量监督机构、物流仓储公司、政府等）为一体的闭环系统，通过供应链金融的开展，产业集群里的所有农业企业捆绑成一个整体，成为长期合作、相互信任的伙伴企业，有助于供应链融资在产业链上所有农业企业中开展应用，控制企业的信用评估风险，整合产业链上所有资源，实现企业平衡发展。

5.4.2 技术链融合驱动生鲜供应链优化的机制研究

供应链是指围绕核心企业，通过物流、信息流、资金流将供应商、制造商、分销商、零售商、第三方物流企业和最终用户组成一个整体的功能链。供应链中每一个节点企业既是后一个节点企业的供应商，又是前一个节点企业的采购商,供需关系贯穿整个供应链。在一个协调的供应链中,不仅物畅其流,而且信息高度共享,各节点企业在共担风险的基础上协力提升供应链总体绩效。一般来说,技术链融合如果能够在供应链的各个环节中得到恰当应用的话,最终就会起到改进供应链管理、提升供应链绩效的作用,信息技术是驱动生鲜供应链优化的重要方面,主要包括以下几种。

5.4.2.1 电子数据交换技术

电子数据交换(Electronic Data Interchange,EDI)技术是指采用统一规定的标准格式,通过通信网络传输电子数据信息,在贸易伙伴的电子计算机系统之间进行数据交换和自动处理。EDI技术的出现对于传统的通过纸质文件传输数据的方式来说具有变革性的影响,它不仅大大减少了人力介入,而且能够使信息在不同环节之间顺畅、可靠地流通。这一技术迅速成为供应链管理实现快速反应(QR)、高效客户反应(ECR)、高效补货等方法必不可少的支撑技术。有统计表明,通过使用EDI技术,能够缩短整条供应链订单履约周期36%,降低存货水平36%,增加数据交换的准确性27%,并大大缩短了供应链的反应时间。

5.4.2.2 条形码技术

条形码技术是一种快速的信息采集和自动识别技术,它主要包括条形码的编码技术、条形符号设计技术、快速识别技术和计算机管理技术,是实现计算机管理和电子数据交换不可缺少的前端技术。条形码技术在供应链管理中的广泛应用解决了数据录入和数据采集的瓶颈问题,大幅提高了物流效率,为供应链管理提供了有力的技术支持。

5.4.2.3 现代通信技术

通信技术从原始的口头通信和书面通信发展成有线通信,直到现代的无线电通信和卫星通信,每一次变革都极大地改进了企业的生产效率。在供应链管理中应用通信技术具有特殊的意义,因为物料需要在供应链各节点企业间进行搬运,它们始终处于分散的运动状态。各个节点企业需要随时了解物料所处的地理位置和物理状态，否则就难以做到供应链协调。而无线电通信、卫星通信和计算机图像处理等技术的应用就可以有效克服这些因产品移动和物流分散化所导致的问题，可以更快、更准确地跟踪物品的移动情况，并更加迅速地传递销售和库存等信息。当前，通信技术的发展在供应链管理中的一个明显趋势就是在通信技术中集成利用全球卫星定位系统（GPS）技术和地理信息系统（GIS）技术，从而对整个供应链中物流活动进行更为精确的全天候的测时和测距。

5.4.2.4 网络信息技术

网络信息技术是对单机处理技术的变革，它使得存储在一台计算机上的数据信息能够被更多的用户所共享。网络信息技术的出现，正好切中了供应链管理的要害，即最大限度地提高各节点企业间的信息共享。不管是企业内部的内联网（Intranet），还是联系全球的互联网（Internet），如今都已经成为支持供应链管理正常运行的基本要素，它们为供应链成员提供了相对方便的、实时而低成本的共享信息，使得供应链协调成为可能。随着国际互联网日益广泛的应用，供应链中的网络信息技术正朝着与电子商务紧密结合的方向变革。如果 B2B、B2C 甚至 C2C 的商务模式得到进一步发展的话，供应链将会向"扁平化"发展，分销商、零售商的作用将不断减弱，供应链管理的重点将更加集中于提高对客户的响应速度。

5.4.3 资源链融合促进生鲜产品供应链创新

在知识经济时代，产品和技术的生命周期日益缩短，新技术的扩散效应日益扩大，使得创新日益成为企业提升竞争力的核心。竞争环境的日益复杂及企业可用资源的有限性等因素使得供应链中的企业势必要在创新方面开展更加广泛的协同，有效整合企业创新所需的各种资源和能力，从而实现协同创新。供应链中的企业通过协同创新在降低原材料、零部件、产成品生产成本的同时，也可以满足不断变化的市场需求，提高供应链的整体收益。供应链企业间的资源链融合对提高企业乃至整个供应链的竞争力具有重要意义。资源链的融合促进了农产品生鲜供应链的典型模式就是农产品标准化生产，表现在如下几个方面：

①农产品标准化生产提高了农户参与供应链质量协同的激励强度。农产品标准化生产为农户提供了简单、易学、可操作的安全农产品生产技术和操作规程，提高了农户生产出满足企业或市场需求的安全优质农产品的可能性，克服了短期内难以提高农户生产能力的障碍。农产品标准化生产也为农户提供了可预期的利益分享激励，一方面，标准化生产所产生的市场增值效应使安全农产品生产的前景可观；另一方面，企业按标准收购，以质论价，更显示出利益分配的透明性和公平性。

②农产品标准化生产，可看作是农户进行的一项专用性投资，克服了农户将农产品外销给第三方的机会主义行为倾向，将农户、企业双边锁定在供应链中，增强了企业与农户的关联度。

③在农产品标准化生产情况下，由于有了统一的标准、统一的生产规程，便于学习、复制，学习效应、示范效应的产生，也为共生对象规模的扩大提供了可能。

④农产品标准化生产对产前、产中、产后生产流程的固定、简化，为质量协同提供了技术支持，在整个生产流程中增加了企业与农户在资金、技术、农资、信息等方面的交流频率，成为一种重要的共生介质，拓宽了企业与农户的共生界面。

5.4.4 人才链融合加快生鲜供应链优化进程的途径研究

5.4.4.1 新常态下物流产业人才需求旺盛和存在严重不足

（1）物流科技人员需求旺盛

目前，物联网技术和大数据广泛应用于交通运输、物流装备、仓储等方面，物流领域信息化、智能化、可视化、网络化水平越来越高；农产品生产、流通全程监控，信息追溯得以实现；基于云平台的 RFID 智能安全保温周转箱在医院内部物流中得以推广，药品冷链信息化水平提高。另一方面，物流公共信息服务平台与"嘀嘀"模式推动货运市场供需双方信息透明，货运中介功能弱化。此外，冷链物流促进自动化冷库技术、运输车自动温控技术、保鲜技术等进步。然而，技术人才缺乏制约物流装备科技与信息化发展，调查结果显示，2013 年，就有44.5% 的样本企业认为信息化人才严重短缺；培养大量的技术开发、技术应用、技术维护和管理人员刻不容缓，尤其是自动化控制、软件开发、物联网技术、食品药品保鲜、新材料研发等人才。

（2）供应链一体化运营人员不足

现阶段，我国物流运作集中于某一功能或几个功能模块，缺乏系统性；供应链一体化理念协同采购、生产、销售、回收等模块发展：组织好原材料及零配件采购、运输与储存；准时、定量地将物料送至指定工位，满足生产现场需求计划；根据客户需求特点与地域分布情况，制定成品库存水平和运输及配送方式；以绿色理念组织好废弃物运输与仓储。企业供应链一体化，采购、生产计划、生产配送、干线运输、城区配送及供应链运营人员需求量必然增加，从业人员需要有较高的视野与全局观，较强的协调与管理能力。

（3）冷链物流应用型人员紧缺

降低农产品、药品、食品等流通损耗，建设全程冷链成为必然。目前，我国冷链物流从业人员多数是从普通物流企业改行过来，对药品、农产品特性了解不够，物流操作不规范，冷链运输、储存、配送、装卸、信息处理等知识与经验欠缺。冷链基础条件建设、冷链运行标准制定与完善，需要从国外引进高水平冷链物流应用型与复合型人才；优化冷链流程、制定冷链工艺、强化全程监管与协调，需要大量的懂技术、会管理的冷链人才。

（4）快递快运操作人员与管理人员缺口大

快递业具有劳动密集型行业特征，直接就业人数达 200 多万，间接带动就业人数 240 万左右。快递与快运业运作方式相近，核心部分在分拨中心和"最后一公里"运输，需要提高分拣作业能力，提高配货配载能力，提升送货效率与准确性，提高服务水平。分拣、配货、送货需要操作层面人员，操作员和驾驶员面临招工难、流动性大、素质低等问题；同时，分拨中心需要现场运营人员、调度人员、客户服务人员和管理人员，其具备较强的物流知识、企业管理知识和实战经验，然而，很多高校物流专业毕业生不能适应基层作业"苦、累"现状，没有培养到足够经验时就另谋职业。

5.4.4.2 龙头企业以基地为依托开展教育培训是有效提升人才供给的重要途径

农业龙头企业的生产设施与示范基地是现代化农业的重要展示，基地建设对于农业龙头企业来说，是确保企业获取高质量农产品的战略环节，也是龙头企业在农业产业化经营中对农户进行农民教育培训的重要依托。龙头企业的示范基地是在符合优质、高效、安全、生态的要求下建立的，按照市场需求生产并推进绿色、无公害、有机产品产地和基地的认证，实现农产品的标准化生产，具有直观、典型的示范作用，使得龙头企业有条件指导农户生产符合质量标准的农产品原料产品，另外还可以向农民提供资金、设备、良种及技术服务等多种形式农业技术服务活动。

龙头企业在实践中形成多种"利益共同体"的培训模式，农业龙头企业可以充分利用自身的人才、项目、成果等优势，围绕产前、产中、产后提供教育培训，以科技促进了农业发展和农户增收，并且与农户形成多种合作模式及利益联结机制。根据产业链中的分工和相关环节的关系，形成了包括"销售企业或加工企业或工商企业等＋农户""示范基地＋农户""科技项目＋农户"订单农业等多种模式，开展了包括技术示范、咨询、现场指导、发放技术资料等多种形式的培训活动，形成了契约合同、合作制、股份合作制等多种合作形式，巩固了与农户的利益共同体。

5.4.4.3 人才培训可以有效提升生鲜产品供应主体企业科技竞争力

在生物技术、信息技术等现代技术快速发展并在农业领域广泛应用的前提下，农产品市场竞争呈现日益增强的趋势，企业如何提高产品的竞争力，通过提高科技投入、增加农产品的科技含量，增强科技竞争能力，是摆在我们面前的重要课题。生鲜产品供应主体企业要求企业产品竞争力，要求在同行业中企业的产品质量、产品科技含量、新产品开发能力居领先水平，主营产品符合国家产业政策、环保政策和质量管理标准体系。因此，要形成壮大企业产品的竞争力，企业必须提高自身产品的科技含量，必须加速农业技术创新的扩散，其主要表现在农业科技创新与推广，通过农民教育培训，逐步形成以农业龙头企业为依托的产、学、研相结合的农民教育培训机制，并在此过程中提升了龙头企业的科技竞争力。

5.4.4.4　人才培训能够强化产业链相关利益主体密切结合，取得上游优势资源

生鲜产品供应企业与农户有着共同的农业技术利益取向，企业需要稳定和高质量的上游产品来源，而人才培训可以强化农户依据需要生产出符合龙头企业质量和数量要求的产品的能力，企业也愿意进行农民培训，农民也愿意参加相关教育培训，双方有着共同的利益。通过人才培训和农业技术研发与推广，把农业技术创新成果向农户扩散，不仅有利于农户采用新技术，增强其生产能力，而且能够把参与农户是否采用新技术，新技术在应用过程中产生的问题得以及时反馈，使企业能够有针对性地解决其中的问题，这样就加强了企业与农户在农民教育培训中的沟通与联系，加强了联结机制，提升了生鲜产品供应主体企业产品的科技含量。

5.5　三产融合优化生鲜供应链实例分析

5.5.1　褚橙

褚橙的品种其实就是云南冰糖橙。2008 年，褚橙开始在云南上市，与其他同类冰糖橙相比优势并不突出，价格最多高出 10% 。目前，网

络上 5 kg 褚橙的售价从 118 元到 148 元不等，是普通冰糖橙价格的 2 ~ 3 倍，销售城市扩展到 22 个，线上线下都经常出现缺货状态。从几元一斤时的乏人关注，到十几元一斤的供不应求。

5.5.1.1 褚橙的质量保障

（1）科学种植

每株树只保留 240 多个果，每名果农管理 200 株果树；每亩地 148 株果树，株距和行距分别为 2 m、3 m；褚橙的甜酸比被控制在 21∶1 至 24∶1。

（2）科学施肥

肥料是褚时健用烟梗做的有机肥，无任何化学成分。

（3）褚橙上市

经过采摘、清洗、烘干、保鲜、分选等流程。

5.5.1.2 褚橙的营销策略

①利用网购这一当前最热门销售渠道。当下"80 后""90 后"成为消费市场的一支主力军，这个群体的一个鲜明特色，就是对网络的高度依赖，农产品要想赢得他们的认可，就必须紧随时代脉动，借助互联网这个营销新平台，讲好数字化时代的农业故事。

②以名人的个人魅力和励志概念吸引消费者，将褚时健种的橙叫"褚橙"，就是创意。昔日烟草大王褚时健 75 岁再创业，10 年后褚橙首次进京，在人生的谷底开始"务农"，这正是消费者需要的故事。消费者买的是水果，吃的是精神。2012 年褚橙营销更多是触动"60 后""70 后"的偶像情结。2013 年则更加注重贴近"80 后"和"90 后"消费群体。在最新推出的视频系列"褚时健与中国青年励志榜样"中，蒋方舟、赵蕊蕊、"花总丢了金箍棒""三国杀黄凯""嘀嘀打车张博"等"80 后"名人相继讲述自己的励志故事，以致敬褚橙缔造者褚时健。

③"打包销售"，实现了名人"1 + 1 > 2"的效应。《褚橙进京》报道之后，褚橙、褚时健，以及背后的本来生活网被疯转，《经济观察报》当日的微博被转发评论上万次，而更为厉害的还是大 V 的转发。

④个性化定制包装，提高产品人气。"2014，马到橙功""剥好皮，等我回家""我很好，你也保重"等既幽默又贴合热点的"卖萌"包装，让本来冷冰冰的交易，延伸出一种乐趣，恰恰契合了当代年轻人追求新鲜、个性十足的特点，随之而来的是微博、微信中的大量分享和传播，这些消费者同时也成为了"褚橙"免费代言人。

5.5.2　温氏生鲜

广东温氏食品集团股份有限公司创立于 1983 年，以养鸡业、养猪业为主导、兼营食品加工。温氏首创了"公司＋农户"为核心的农业产业链管理模式。温氏模式在生鲜门店的复制，形成了"温氏＋店主"模式经营，目前温氏生鲜店在探索中稳步扩张，2016 年年底温氏生鲜店达到 56 家，均分布在深圳。2017 年一季度新增至 75 家，并有希望达到 250 家以上，覆盖深圳、广州、佛山等地区。未来，温氏规划在广东省内布局 3000 家门店，2018 年开始有望踏出广东，到华东等地区扩张。其主要特点包括以下几点。

5.5.2.1　温氏统筹安排与供货

温氏确定统一标准的店面形象、价格体系、硬件配置、产品供应等，并负责后续物流配送、信息系统、管理培训和宣传推广支持等。

5.5.2.2　加盟商负责启动和运营

加盟商提供初期投资、选定符合温氏的要求门店，办理证照备案，招聘店员，并配合温氏销售产品。从温氏层面了解，2016 年 12 月前 10 名的店，综合毛利第一名达到 28%，平均 17%，后 10 名平均毛利也达到 16%。分产品看，土猪毛利 30%，一般白猪毛利 13%，鸡毛利 20%。

5.5.2.3　商品种类丰富

肉品摊，产品全部来自温氏自产，猪包括各种部位普通猪肉和天露黑猪（温氏高端品牌，比普通猪贵 25% ~ 30%）。禽类包括各种土鸡、乌鸡、番鸭的冰鲜产品。肉品冰箱目前产品不多，主要是冰冻地包装整只黄鸡。蔬菜摊，全部都是第三方供应，由温氏统一采购，生鲜店再向温氏采购。有 20 ~ 30 种常见蔬菜，卖相较好。牛奶冰柜，全部是温氏乳业供应的各种冷藏乳品，常温乳店主自行控制采购量，采购价统一。

5.5.3 中粮集团

中粮集团创建于 1952 年，当时主要是起到维护国家粮油食品安全与储备调节的功能，以粮油食品进出口为主业。改革开放之后，随着粮食供给的平衡与中国市场机制的完善，中粮集团的职能也面临着转变。从 1992 年开始，中粮集团的主营业务开始由传统的贸易代理向粮油食品加工等领域转化，走向了多元化发展的道路。2006 年，国资委批准中谷集团（主营粮食内贸）并入中粮集团，为中粮集团贯通大宗农产品供应链条提供了平台。现今，中粮集团旗下产业涉及包括粮食贸易、粮食及农产品加工、生物能源、品牌食品、地产酒店、土畜产、包装和金融等在内的众多领域，其也成了中国最大的综合型粮油食品企业。

2009 年年初，中粮集团将全产业链的开发与建设确定为企业在新时期的竞争战略。全产业链模式要求企业控制粮油产品"从田间到餐桌"需要经过的种植采购、贸易物流、食品原料和饲料原料、养殖屠宰、食品加工、分销物流、品牌推广和食品销售等各个环节。简而言之，中粮集团不仅要做粮油产品原料的贸易商与提供商，还要从幕后走到台前向产业下游（如品牌营销、产品创新、渠道管理和市场运作等方面）发力，成为综合性的粮油食品运营商。中粮全产业链战略模式可以分为两个层次：单一产业价值链（上下游之间在产品、服务和信息等环节的纵向一体化）与多个产业空间链（不同产业链之间在物流、渠道、财务和品牌等环节的横向一体化）。

以中粮米业这一相对成熟的产业链条来看。在大米行业，中粮稻米从选种、种植和加工等环节深度入手来保证产品质量，然后通过中粮直营店将品牌产品（如福临门牌小包装大米）销售给最终用户，这样就实现了一条"从田间到餐桌"全程覆盖的大米产业链。此外，要建成全产业链条，中粮集团还从横向和纵向两个方面——产业链的长度与深度同时下手。中粮希望向普通消费者提供包括"酒、肉、面、油、米、饮料"等众多横向产品，而从每一个产品类别上来讲企业还将对"原料、加工、包装、贸易"等环节进行深度控制。因此，中粮集团全产业链战略布局的成型将会构建起一个立体型的产业生态系统。

5.5.4　京东生鲜

2016 年 1 月，京东生鲜事业部（以下简称"京东生鲜"）正式成立。京东生鲜坚持以"让消费者吃得更好一点"为宗旨，致力于让产品更加优质、服务更加出众、体验更加完善。通过原产地直采、优化农产品销售渠道、冷链物流网络建设。通过一年多的发展，京东生鲜从业务规模、冷链基础设施到配送等方面能力得到全面提升。

在业务规模上，京东生鲜已签署合作协议的供应商（POP + 自营）超过 2000 个，包含海鲜水产、水果、蔬菜、肉禽蛋品、速冻在内的各个品类；在冷链仓储上，京东生鲜在全国拥有十大专属冷库，覆盖深冷层（-30 ℃）、冷冻层（-18 ℃）、冷藏层（0 ~ 4 ℃）、控温层（16 ~ 25 ℃），各温区通过温湿度实时监控管理，全面保障商品品质；在物流服务上，京东生鲜在核心城市实现"211"配送的基础上，进一步推出夜间配服务（19：00—22：00）、精准达服务（配送时间精确到 2 小时以内），全面提升服务时效。现有七大智能物流中心、254 个大型仓库、550 万 m² 的仓储设施、6780 个配送站点和自提点，2646 个区（县）覆盖，构建了整个京东物流体系强大的物流配送能力。

6 基于三产融合的生鲜安全 供应体系构建

6.1 基于利益驱使的农产品安全生产体系构建

6.1.1 基于优质优价的农资适度使用体系

农业供给质量不高，是当前我国农业发展的突出问题。农业供给质量问题，不单指纯粹的质量达标问题，还在于农产品供给不能很好地满足消费者生活质量提高和健康生活的需要，以及农业投入不合理、农业资源消耗过度及环境恶化等对未来收益的损害。事实上，我国已经加大了农产品质量安全监测，公布的农产品质量安全达标率近乎100%，近几年亦未发生农产品质量安全重大恶性事件。但客观地说，由于农业化学投入物的滥用，消费者对国产农产品的信心尚未完全建立起来。长期以来，我国农业走的是一条艰难的路，在农业资源受约束的情况下，还要不断提高农民收入，这导致了不断提高农产品数量的政策倾向。我国用不足世界10%的耕地养活超过世界20%的人口，却也使用了占世界30%以上的化肥。通过三产融合，通过市场收益保证因素给农户的收益认知造成直接影响，对农资的施用量的影响表现为自发性的激励，以此来构建基于优质优价的农资适度使用体系，可有效地实现农业生产从产量导向向高质量发展的转变。主要措施建议为：①引入农业保险，弱化农户在应对收入波动中对农药的过度依赖。实证结果表明，认为农药对产量影响越大的农户越倾向超量施用农药，风险规避型农户超量施用农药的概率相对较大，农户过量施用农药的主要原因之一在于防止相应风险带来的减产损失。因此，为了使农户愿意减少农药的使用，也就相应需要对其心理风险进行保障与补偿，可开发相应险种，在政策补贴的基础上，鼓励农户对虫害等风险进行投保。②完善农产品质量分离机制，构建优质优价的标准。研究表明，认为生鲜产品的绿色安全性会导致价值溢出的农户超量施用农药的概率相对较低，说明只要存在内生价格激励，就可以在一定程度上改善农户农药的过量施用行为。但现阶段多数的农户并不认同绿色安全性可以给生鲜产品带来溢价，其原因在于生鲜产品的品质及安全属于信任品属性，买方很难通过肉眼对生鲜产品的农药残留等品质指标及质量安全状况进行充分识别，通过完善的农产品质量安全市场分离体系，如引入与完善相应信号识别体系等，区分农产品的农药施用状况，进而形成优质优价的市场价格体系，依靠市场力量激励农户规范并减少施用农药，以激励相容条件使规范施用农药成为农户的自发选择，实现依靠市场力量激励菜农减少农药施用。③加强终端农产品检测，形成减量施用农资压力的供应链传导机制，进而影响上游农户的生产行为。研究结果表明售前检验可以较为显著地抑制农户超量施用农药。我国目前的农业生产还处于单体农户小规模分散种植的阶段，在生产环节对农户进行农药监管基本不现实，并且，即使生产环节减少了农药的施用，但在生鲜产品的流通保管过程中，也可能存在二次污染，因此，基于可操作性与管理效率考虑，可加强生鲜产品销售终端的农残检测，形成规范施用农药的压力，从而影响上游生产种植环节的农药施用。

6.1.2 基于"连坐"机制的产地共管机制

"连坐"又称"株连""族诛"等，源自中国春秋战国时期的古老概念，是中国古代因他人犯罪而使与犯罪者有一定关系的人连带受刑的制度。其实质就是一种连带责任或集体责任制度，一种集体惩罚制度，一种基于集体声誉的制度安排。现代意义上的"连坐制"更多是指契约连带责任和行为连带责任。

6.1.2.1 食品安全语境下的"连坐制"

食品安全"连坐制"是食品安全监管领域里的一种连带责任追究制度，即指某一食品生产者违反食品安全法律法规规定，情节严重或存在重大食品安全隐患，或出现食品安全事故时，其他具有连带责任法定义务关系或连带关系的生产者一并承担相应责任或连带的制度。食品安全"连坐制"的实质就是把食品的生产者及销售者组织起来，他们之间相互牵制相互监督，一旦食品某个环节出现问题，将采取"连坐"方式追究连带责任，在如此严厉的惩罚措施下，没有哪个企业敢弄虚作假。2011 年 12 月，重庆市质监局和工商局相继出台了食品安全"连坐制"的相关规定，并于 2012 年第一季度在重庆全市全面施行。相关规定不仅对食品安全监管从单一违法企业、品种或加工生产环节的监管，还将延伸至该食品涉及的整条产业链；一旦某企业发生食品安全问题，则按具体情况，通过审慎调查后，将依据主体连带、商品同质同源性连带、区域性连带、行业连带等形式追究责任。

6.1.2.2 三产融合体系下进行生鲜产品供应"连坐制"的产地共管机制

以合作社为例，可以在生鲜产品供应主体的主导下，将合作社的相关种植基地以地块相近为原则，将种植基地按地理位置划分为不同的作业区，每个作业区由若干种植农户组成。同一作业区内的农户大多生活在同一社区或行政村，他们同处于一个复杂的社会网络中，即种植农户的经济行动与活动是嵌入在具体的、不断变化的社会关系之中，并受农户之间社会关系的影响和约束。如果某一农户使用违禁农药被发现，则合作社将拒绝收购该作业区内的所有生鲜产品，这将给自己及作业区内的其他农户带来较大的经济损失。更为重要的是，这将损害该农户在作业区内及合作社内的个人声誉和社会资本。在中国乡村社会（"熟人社会"），社会资本对农户及家庭的生产、生活与发展等都有着非常关键的作用，如婚丧嫁娶、借贷等。因此从长期来看，农户的违规行为受到的惩罚要远大于获得的利益。作业区内的农户出于保护自身利益的考虑，他们之间将会相互监督，相互制约。

6.1.2.3 基于"连坐"机制的产地共管机制的意义

（1）全方位的监管平台，生鲜产品供应主体成为新的产品安全监管主体

传统的生鲜产品安全供应监管主体有政府机关部门、消费者及社会媒体，而"连坐制"让生鲜产品供应主体之间相互监督，为自己与他人的违法行为承担连带责任。生鲜产品供应主体加入到产品安全监管主体中去，可以有效降低生鲜产品安全供应问题的监管成本，节约大量的人力物力。

（2）明确法律责任，加大惩罚力度

惩罚措施是加大违法成本的有效途经之一，"连坐制"在明确违法食品企业的法律责任的同时，扩大了法律责任的承担主体，加大了对生鲜产品安全违法行为的惩罚力度。当某一生鲜产品供应主体者违反法律规定，情节严重或存在重大安全隐患或出现食品安全事故时，其他具有连带责任法定义务关系或连带关系的生产者一并承担相应责任，构成犯罪的，还要移送司法机关追究其刑事责任。法定义务关系包括主体连坐和产品、产业链连坐，连带关系包括区域连坐与行业连坐。

（3）"黑名单"制度使食品安全监管信息更加透明

"连坐制"还要求食品安全监管部门将违法生产者列入"黑名单"，并向社会公布其食品安全状况。此处的"黑名单"是指质监部门依职责向社会公布食品生产加工环节食品安全监督管理信息中，被列入严重违法食品生产者的名单。有人将食品安全"连坐制"看成一种执法态度，那是因为食品安全"连坐制"相比于既有的执法程序和规则，信息公开的作用更大，如果不向社会大众公开，"连坐制"对于食品安全违法行为的威慑力也会大大减弱。"黑名单"制度是食品安全"连坐制"信息公开制度的组成部分，这种信息公开制度对于消费者、政府执法部门及食品生产企业都有积极影响。

6.1.3　基于降低成本的新型技术应用体系

生鲜产品安全生产过程中，成本因素是考虑的重要因素，化肥和农药过量、盲目施用是生产者为保障产品生产的收入而采用的措施，通过科技创新，实现成本低的新型技术应用，就能有效地推动生鲜产品安全生产体系的构建。湖北省农业科学院等相关单位研究的蔬菜健康栽培技术，在湖北嘉鱼露地蔬菜生产基地、长阳高山蔬菜生产区等基地开展试验示范推广，利用生态措施控制蔬菜病虫害，可以减少化肥用量 15%、化学农药使用量 20%，蔬菜平均增产 3% 左右，每 667 m² 实现节本增收 100~200 元，实现了蔬菜栽培的"两减两增"，即"减少化肥和化学农药用量""增加产量和增加收入"。其技术要点包括以下几点。

6.1.3.1　选用抗病、抗逆品种和周年茬口模式

选用适合湖北省露地和设施栽培的抗病、抗逆蔬菜新品种。例如，露地越冬甘蓝选用抗病、抗冻、耐裂、球色鲜绿、商品性好、高产的绿缘、佳丽等品种。采用合理轮作的周年茬口模式，避免同类作物连作，采用不同科作物轮作方式，减少病害的发生，提高生产效率。例如，露地蔬菜采用冬瓜（南瓜）—甘蓝（白菜）、迟辣椒—春甘蓝等模式。

6.1.3.2　改进栽培方式

采用嫁接育苗、穴盘基质育苗、集约化育苗技术、避雨栽培、防虫网隔离病虫害，秸秆还田循环模式等栽培方式，减少蔬菜病虫害发生，提高土壤肥力。

6.1.3.3　实施精准测土配方施肥技术

采用测土配方施肥技术，大、中、微量元素配合施用，推进精准施肥。根据不同蔬菜类型的营养特性、需肥规律，不同区域肥力状况与肥料效应及不同蔬菜类型单位面积施肥限量标准，合理制定配方施肥。调整化肥使用结构，采用有机无机肥配合施用技术推广使用农家肥和生物

肥,以菜叶进池生产沼气液肥还田、秸秆还田、种植绿肥。改进施肥装备和施肥方式,采用"肥水一体化"技术,提高肥料利用率。

6.1.3.4 应用土壤连作障碍修复技术

通过在底肥中增施功能微生物和有机肥,结合间作、轮作等栽培技术措施,消减土壤中有害微生物,有效克服蔬菜连作病害。例如,在蔬菜种植前,将功能微生物、粉碎的秸秆和豆粕等混匀,深翻入土壤并喷水浸湿土壤,然后覆盖地膜并封闭大棚,通过高温闷棚,以及功能微生物拮抗有害微生物达到降低土传病害的目的。

6.1.3.5 应用病虫害全程绿色防控技术

坚持"预防为主,综合防治"的原则,综合运用生态、农业、生物、物理防治,与学应用化学防治,达到有效控制病虫为害、减少农药使用的目标。一是采用生态措施,营造作物适宜的生态环境来防治或减轻害虫的为害。二是采用农业措施,通过合理轮作、间套种、土地深翻、曝晒、冬季休耕、冻凝消毒、深沟高畦、合理安排种植密度等增强植株抗逆性。三是采用物理措施。例如,采用种子曝晒、温汤浸种等方法进行种子消毒,采用粘虫板、杀虫灯等减少虫口数量等。四是采用生物措施,利用性引诱剂、天敌、功能微生物、生物农药等来控制病、虫、草群体的增殖。

6.2 基于标准化的生鲜产品加工体系构建

6.2.1 农产品产地加工体系构建

6.2.1.1 建立以田头市场为基础的农产品产地预冷体系

田头市场是建在农产品生产基地、辐射带动市场所在村镇及周边村镇农产品流通的小型农产品产地市场,主要开展预冷、分级、包装、干制等商品化处理和交易活动。要建立和完善田头市场基础设施建设,配备预冷库，清洗、分级、包装、烘干等商品化处理设施，减少农产品采后损失，提高产品附加值。在此基础上，田头市场可与第三方专业冷链物流公司达成合作，全面提升农产品产地与销地的全程冷链物流水平。

6.2.1.2　建设以气调贮藏为基础的高效库藏设备体系

生鲜产品含水量高、产后呼吸代谢旺盛、极易腐烂变质，由于贮藏方式大多原始、落后，设施简陋，技术水平低，不仅造成大量损失，还带来产品品质差、运耗大等诸多问题，严重影响了生鲜产品的供应。所谓气调贮藏是调节气体成分贮藏的简称，即人为改变贮藏环境中气体成分的贮藏方法。将机械冷藏同气调贮藏相结合的贮藏设施就是气调库，它不仅能控制贮藏环境的温度、湿度等，而且还能控制气体成分等指标。气调贮藏技术即以上述效应作为理论依据。具有以下特点：①气调贮藏时间较长，一般比普通冷藏库长 $0.5 \sim 1.0$ 倍；②出库后的果蔬保持原有的鲜度及脆性，果蔬的内外品质与新采摘状态相差极少，保鲜质量高；③气调库内贮藏的果蔬出库后的货架期可延长 $21 \sim 28$ 天，是普通冷藏库的 $3 \sim 4$ 倍。④气调库是一种低氧环境，可抑制霉菌的生长及病虫害的发生，使水果蔬菜的质量损失减少至最小；⑤对于普通冷库难以贮藏的果蔬，如猕猴桃、枣等均能达到极佳的贮藏效果。

6.2.1.3　构建以净菜进程工程为基础的初加工体系

净菜原是"洁净新鲜蔬菜"的简称，国际上则称作为"最少加工蔬菜"或"半加工蔬菜、调整蔬菜、轻度加工蔬菜"。所谓"净菜"，指在蔬菜原产地对毛菜根、茎、黄叶等就地剔净，简单包装进城，这是"净菜"的"基础级"；再进一步就是正规的初加工基地与第三方物流企业合作，经过清洗、整理、检测、冷藏、运输等环节，提供具有一定保质期的安全、新鲜、整洁、方便的商品蔬菜。实现"净菜进城"，不但可以节省在贮运、销售等环节占用的大量处理成本，"变废为宝"，把菜根、菜叶用于堆肥还田，并且可以确保易腐农产品在运输过程中的不腐烂变质，随着人民对物质需求标准的进一步提高，净菜的标准也上了更高的层次。将产地初加工与净菜进城工程相结合，加强生鲜产品采后处理、包装等方面的建设，有效推动生鲜产品产地技工工作。

6.2.2 基于商品化的规格化、标准化生鲜产品体系构建

6.2.2.1 农业标准化及农产品规格化、标准化概述

"标准化"是对实际的或潜在的问题制定共同的和重复使用的规则的活动，以在一定范围内获得最佳秩序。其主要内容就是某个领域制定标准，贯彻标准，并根据工作中的实际问题修订标准，使其不断完善，循环提升。每完成一次循环，标准化水平就得到相应提高，该领域的实践活动秩序就进一步规范，相应地就会实现该领域（系统）整体效益的提升。将上述概念在农业上具体化就可以形成如下的农业标准化定义：按照"统一、简化、协调、优选"的原则，对农业生产全过程，通过制定标准和实施标准，促进先进农业科技成果和经验的推广普及，提升农产品质量，促进农产品流通，规范农产品市场秩序，指导生产，引导消费，提高效益，提高农业竞争力。农产品规格是指由政府或权威组织对农产品的用途、档次、特性进行的分类规定；农产品标准化是对各规格产品控制品质的尺度。例如，小麦应该根据加工用途不同有不同的规格：软质（弱筋）小麦、中间质小麦、硬质（强筋）小麦；而各种小麦又可以分为不同等级。由于现代食品工业的发展，对农产品规格标准有了越来越严格的要求，其中安全卫生标准只是这些要求的一部分，更多的是其他质量标准等。通过农业标准化和农产品规格化、标准化将农产品由"三无产品"转化为商品、品牌商品，经过这样的转变，农产品才能很好地和现代市场接轨，才能实现自己真正的价值。

6.2.2.2 生鲜产品实施规格化、标准化的意义

（1）规格化、标准化是生鲜产品质量的保证

如安全卫生标准等，对保证消费者的健康，乃至生命都是至关重要的。

（2）规格化、标准化是生鲜产品作为食品工业原料的需要

农产品再也不是原来意义上的"口粮"，随着食品工业化进展，多数将成为有严格规格要求的工业原料。例如，酱用西红柿和鲜食用西红柿，豆腐用大豆与榨油用大豆等规格要求都不相同。

（3）规格化、标准化是应对技术壁垒和扩大出口的重要措施

当前我国农产品出口遭遇到国外的技术性贸易壁垒主要表现形式有3种，一是技术性法规和技术标准；二是标签要求；三是合格评定程序，没有经过指定机构认证的产品，不准进入市场销售。而这3个方面均与农产品规格化、标准化有着密切关系。发达国家根据本国农产品优势产区的生产地域、生产工艺、消费口味和饮食结构制定农产品分级标准，确定农产品质量等级指标和规格级别，并与其他检验检疫措施一起，成为别国农产品进口必须达到的质量要求。而我国由于传统农业的生产方式和农户分散经营的现状，导致农产品规格不一、品质不均，产品质量达不到进口商的分级标准要求而不能以合理的价格销售的情况时有发生。即便进入进口国市场，但因与其质量分级标准不统一，出口效益损失巨大，出口效益不高，产业优势难于有效发挥。

（4）规格化、标准化是提高生鲜产品市场竞争力和促进市场流通现代化建设的客观要求

建设社会主义新农村，推进现代农业建设，需要进一步推进产销衔接，发挥流通对生产的引导作用，促进农业增效、农民增收。我国是农产品生产与消费大国，农业生产是农民增收的重要来源。但是，由于多年来大部分农产品没有实施规格化、标准化，农民出售农产品时大多混装、散装，外观质量差，卖不出好价钱，不能实现优质优价，影响农民增产增收。目前，农产品流通的主渠道是遍布全国城乡的农贸市场和批发市场，参与收购运销的市场主体多为个体经销商或私营小企业，流通方式比较粗放，流通秩序不够规范，流通效率不够高，其中一个重要原因就是在农产品流通中没有普遍推行农产品规格化、标准化。

6.2.2.3 构建生鲜产品规格化、标准化的质量分级体系

进行生鲜产品的质量分级，主要是围绕食品的质量分级展开，最重

要、最关键的内容是对产品的外观质量、内在质量、安全质量做出全面、科学、合理的具体规定。产品标准的质量要求即是生产者组织产品生产的基本依据，也是消费者判断产品质量选择产品的基本依据。经过生产或加工后用于销售的同一种产品，无论是初加工产品，还是经过相关加工程序产生的深加工产品，其质量状况都不可能是完全一致的，肯定是有一定的差别的。因此，在产品标准中应有明确的分等、分级要求方面的规定，以反映产品的不同规格、不同质量水平。选用的产品分级要取决于消费者的偏好、产品的质量评价标准和消费偏好、产品的差异要适用于不同的消费者对产品质量的评价标准等。产品的质量分级分为理想和可行等，使这些特性容易被识别。应用在消费者认为的产品的特性上，对标准的分级采用的依据是，消费者偏好为中心，而非技术专家的意见，标准的制定建立在统一的度量的基础上，涉及的要素属于被很多人接受并且遵守的范畴。

6.3　基于新技术应用的生鲜产品保鲜技术体系构建

6.3.1　基于安全高效的天然保鲜剂的保鲜技术应用

因微生物感染、外界机械作用等影响易出现腐败变质，每年生鲜产品在供应过程中存在较大的损耗，保鲜剂处理是实现产品保鲜与减少损耗的重要环节之一。目前应用的合成化学保鲜剂较多，其存在致癌或潜在致癌、致突变、致畸的可能性。采用安全高效的天然保鲜剂代替化学合成的保鲜剂是实现生鲜产品安全供应的重要趋势和途径。其产品类型主要包括以下几种。

6.3.1.1　动物源保鲜剂

动物源类保鲜剂是从动物体内提取天然抗菌活性成分，具有抗菌性强、水溶性强、安全无毒、抑菌谱广等优点。动物源类保鲜剂可能的抗菌机制包括以下4个方面：①破坏依赖膜结构完整性进行物质和能量代谢的细胞及细胞器，也可导致溶酶体破裂进而致微生物自溶；②作用于遗传物质或使遗传微粒结构改变引起抑菌作用；③作用于酶或功能蛋白，使其功能发生改变而发挥灭菌作用；④抑制其呼吸作用而使细胞自溶。研究较多的动物源性天然保鲜剂主要包括：鱼精蛋白、抗菌肽、溶菌酶、壳聚糖、蜂胶等。

（1）鱼精蛋白

鱼精蛋白是可从鲑、鲱、鲭、鲟、鲻等鱼中提取得到的一种碱性球形蛋白质。鱼精蛋白能有效抑制多种食品腐败菌的生长和繁殖，对蔬菜等食品有防腐效果，因此可作为食品保鲜剂加以利用。鱼精蛋白具有广谱抑菌活性，能抑制枯草杆菌、巨大芽孢杆菌、地衣芽孢杆菌、凝固芽孢杆菌、胚芽乳杆菌、干酪乳杆菌、粪链球菌等的生长。

（2）抗菌肽

抗菌肽是普遍存在于各类生物体中的一类具有生物活性小分子多肽，属于免疫系统组成部分，具广谱抗菌的特点，对革兰氏阴性菌等有杀灭作用。抗菌肽发挥抗菌活性，一方面依赖两亲的 α 螺旋结构作用于细菌细胞膜上的脂质层，破坏其完整性并产生穿孔现象，导致膜的通透性增大，促使细菌细胞膜破裂，最终导致细胞壁的溶解，造成内容物渗出而导致细胞死亡的膜裂解机制；另一方面通过穿透细胞膜和核膜，作用于 DNA 或 RNA、攻击线粒体、抑制蛋白质及细胞壁合成等而达到抗菌作用的膜不裂解机制。

（3）溶菌酶

溶菌酶可从鸟类、家禽的蛋清中和哺乳动物的泪液、唾液、血浆、尿、乳汁、胎盘及体液、组织细胞提取得到，其中在蛋清中含量最丰富。由于是自身的非特异性免疫因素，所以对人无毒副反应。溶菌酶的抑菌机制是能有效地水解细菌细胞壁的肽聚糖，在内部渗透压的作用下细胞胀裂，致使细菌裂解死亡。对革兰氏阳性菌，好气性孢子形成菌，枯草杆菌，地衣芽孢杆菌等均有良好的抗菌效果，

（4）壳聚糖

壳聚糖又称脱乙酰甲壳质，从蟹壳、虾壳等中提取出来的一种天然多糖。具有良好成膜性、可降解性、抑菌性及安全性，非常适于用作食

品保鲜剂的材料。壳聚糖的抑菌，一方面是壳聚糖通过吸附在细胞表面，形成一层高分子膜，阻止了营养物质向细胞内的运输，从而起到抑菌杀菌作用；另一方面是壳聚糖通过渗透进入细胞体内，吸附细胞体内带有阴离子的细胞质，并发生絮凝作用，扰乱细胞正常生理活动，从而杀灭细菌。

（5）蜂胶

蜂胶是蜜蜂从植物芽孢或树干上采集的树脂，混入其上腭腺、蜡腺的分泌物经加工而成的一种具有芳香气味的胶状固体物。已确定蜂胶成分有黄酮和类黄酮类、芳香酸和芳香酸酯类、脂肪酸和脂肪酸酯类、酚类、醇类、醛类、酮类、萜烯类、氨基酸、多种维生素及矿物质等。蜂胶能抑制和杀死细菌、病毒等，主要通过以下两方面的作用：①其良好成膜性可减少病源生物侵染、阻止果蔬内外气体交换、抑制呼吸、降低新陈代谢、减少表面水分蒸发进而减少营养物质消耗和品质下降；②对各种细菌、真菌、病菌和病原虫都有抑制和消灭能力。

6.3.1.2　植物源保鲜剂

科学研究中发现植物中的提取物对病原微生物有抑制作用，遂提出利用植物中的物质进行农产品采后保鲜。对植物源果蔬保鲜剂一般亦遵循药食同源原则进行筛选，因此其原料主要集中在天然香辛料和一些中草药上。

（1）中草药类保鲜剂

中草药中的很多成分对细菌、真菌都有很强的抑制作用，对生鲜产品有较好的保鲜效果。不同抑菌谱的中草药适当配合，考察其协同增效能力，依此开发出高效、广谱复合保鲜剂也是研究的热点。

（2）香辛料类保鲜剂

香辛料来源于植物的种子、果实、茎叶、树皮、花蕾等部位，其重要的抗菌、保鲜性成分主要是酚类和精油。香辛料中的酚类物质主要包括黄酮、黄烷酮、黄烷醇、黄酮醇和花青素，这些物质都具有显著的抗氧化、抗菌等功能；香辛料中的精油主要包括萜烯、单帖和倍半萜，这些物质都具有抗氧化、抗菌等功能。

（3）植物多糖

随着生活水平的提高，生活模式与消费观念的改变，人们更加关注食品的安全性与环境友好性，因此，寻找安全、天然、可降解的保鲜材料已成为近些年的研究热点。近年来，天然多糖和改性多糖作为一种安全、无毒和有效的涂膜保鲜材料，已展开广泛的研究，并获得了一些应用。多糖对果蔬的保鲜作用，一般通过在果蔬表面形成一层薄膜从而抑制微生物的生长、控制气体交换、控制水分的蒸发而达到保鲜的目的。目前，淀粉、纤维素、壳聚糖、魔芋葡甘露聚糖等多糖物质因来源广泛和经济实用，在应用方面取得了较大进展。

（4）植物蛋白质及抗菌肽

植物蛋白质保鲜剂中研究最多的是蛋白质膜保鲜。蛋白质膜具有的良好阻隔性能可延缓食品中水和其他成分的迁移和扩散，防止食品风味物质的挥发，延长食品货架期。植物源抗菌肽是植物细胞特定基因编码经外界条件诱导产生的一类具有广谱抗细菌、真菌、病毒、原虫等活性作用的小分子多肽，尤其对部分真菌具有极强的杀伤力，在植物天然防御体系中起着重要作用。

6.3.1.3 微生物源保鲜剂

微生物在生长繁殖过程中会产生次生代谢产物，包括抗生素、溶菌酶、细菌素、蛋白酶、过氧化氢和有机酸等抗菌物质，这些次生代谢产物对果蔬具有防腐保鲜的效果。

（1）微生物拮抗保鲜

微生物拮抗保鲜是一类以菌治菌的方法，保鲜微生物可与有害微生物竞争食品中的糖类等营养物质，或通过拮抗作用抑制或杀死食品中的有害微生物从而抑制有害微生物的生长。

（2）次生代谢产物的保鲜

微生物生长繁殖所需周期短，人工可控制其发酵环境，故利用其次生代谢产物进行果蔬保鲜具有较好的应用前景。除拮抗菌体本身之外，微生物能产生抗生素、溶菌酶、细菌素、蛋白酶、过氧化氢、有机酸、抗菌肽、胞外多糖等，这些物质能形成生物膜，抑制或杀灭有害微生物，从而减少微生物腐败作用，降低果蔬呼吸作用和水分蒸发，防止了糖含量、维生素和可溶性固形物等营养成分的损失，进而达到防腐保鲜的效果。

6.3.2 基于物理抑菌的冷杀菌保鲜技术应用

物理保鲜技术具有生产成本低、受外界因素影响小、不改变原料营养成分和天然风味等特点，成为生鲜产品保鲜的研究热点。

6.3.2.1 低温保鲜技术

低温能抑制酶的活性、降低果蔬的呼吸强度、减小酶促褐变反应速度，具有推迟组织衰老和变色作用；低温还能降低微生物的代谢速度，达到有效抑制微生物生长和繁殖的目的。当温度低于某一种微生物最低生长温度时，会导致该种微生物生长中止，严重时甚至死亡。此外，加工贮藏时温度越低，果蔬的生理代谢速度就越小，营养成分损失越少，保鲜期就会相应延长。

6.3.2.2 气调保鲜技术

气调保鲜是一种无公害保鲜技术，通过改变贮藏环境中气体组分比例，即减小 O_2 体积分数或增大 CO_2 体积分数，能显著降低鲜切果蔬呼吸速率和乙烯的形成量，控制好气性微生物生长繁殖，达到延长保鲜期的目的。

6.3.2.3 超高压保鲜技术

高压处理是一种采用 50～1000 MPa 压力处理纯物理过程。通常采用 100 MPa 以上超高压，温度控制在常温或低温下处理，最大限度保存了产品营养成分和风味物质，钝化了酶的活性，控制鲜切果蔬酶褐变反应，有效防止产品变色。

6.3.2.4　辐射保鲜技术

辐射保鲜原理是利用 ^{60}Co 和 ^{137}Cs 产生的 γ – 射线照射食品，利用辐射线强的穿透能力，引起微生物生理代谢功能紊乱，阻碍其正常生长繁殖，进而杀灭微生物，提高食品的保藏期。

6.3.2.5　臭氧处理保鲜技术

臭氧处理是一种理想广谱、快速、高效、无残留冷杀菌技术。它能够改变微生物细胞膜通透性，造成菌体蛋白质变性，破坏菌体酶系统，使微生物失去生存能力，能有效杀灭或抑制细菌、霉菌、酵母菌、寄生物和病毒。

6.3.2.6　紫外线处理保鲜技术

紫外线保鲜利用波长在 190～350 nm 的紫外线照射，通过抑制 DNA 复制导致微生物突变或死亡，它对细菌、霉菌、酵母等微生物杀灭作用显著。但由于紫外线穿透能力弱，只能杀灭鲜切果蔬表面污染微生物，对其他部位均无效，且照射强度等因素影响杀菌效果，实际应用有一定局限性。

6.3.3　基于保鲜剂内化的抗菌膜包装技术应用

生鲜食品包装要以多样化满足现代人不同层次的消费需求，抗菌、方便、智能、个性化是食品包装发展的新时尚。而抗菌膜包装是保障生鲜食品安全的重要方式。抗菌包装是指通过延缓微生物的停滞期，抑制其生长速度或阻止生鲜食品内腐败菌或致病菌的生长，从而达到延长生鲜食品货架期的一种保鲜方法。其基本方法在于将可以有效抑制或杀灭微生物的保鲜剂与包装材料结合起来，实现保鲜剂内化于膜材料中，从而实现其抗菌功能。按照其实现形式分为 5 类，即挥发型、直接添加型、包覆/吸附型、化学键合型及具有天然抗菌作用的包装材料。

6.3.3.1 挥发型抗菌膜包装

包装材料中加入挥发性抗菌剂，其不与生鲜食品直接接触即可起到良好的抑菌效果，例如，添加乙醇的气体发生剂，可通过乙醇的挥发释放来实现抗菌。其基本原理在于乙醇作为比较理想的抗菌剂，可使细菌细胞内的蛋白质发生变性，干扰代谢，导致细菌死亡达到抑菌效果。

6.3.3.2 直接添加型抗菌膜包装

直接添加型是指将抗菌剂直接通过熔融或者共混的方法添加到抗菌材料中，此方法目前应用较多。采用熔融法添加的抗菌剂必须具有耐热性，保证其在加热至熔融状态下仍不失效。

银取代沸石抗菌剂（Ag^+ 取代沸石中的 Na^+）对细菌和霉菌具有广谱杀菌性，是此类型中应用较广泛的抗菌剂。此外，一些对热敏感的抗菌药物，如抗菌酶、脂肪酸酯、抗生素、金属离子、抗菌类多肽、天然酚类化合物，通过溶剂溶解后直接添加制成抗菌包装材料。

6.3.3.3 包覆或吸附型抗菌膜包装

一些不能耐受高温的抗菌剂可在包装材料成型之后再进行涂膜制成抗菌包装，即先将用于包装的材料加工成薄膜，然后将抗菌剂涂覆在经过处理的包装材料表面上。例如，将 Nisin（乳酸链球菌素）涂在甲基纤维素–聚乙烯薄膜上，还有一些是将 Nisin、ED-TA、柠檬酸混合溶剂涂抹在线性低密度聚乙烯（Line Low-Density Polyethylene，LLDPE）、聚氯乙烯（PVC）、尼龙薄膜上制成抗菌包装。

6.3.3.4 化学键合型抗菌膜包装

化学键合型的抗菌膜包装要求用于制作包装膜的聚合物分子和抗菌剂上有可键合的基团，并能通过共价键或者离子键形式将抗菌剂结合到包装材料上，该类型的抗菌包装方式可以克服抗菌剂易分解、析出、耐热性能差及与包装材料相容性差等缺点，但在制备过程中须注意抗菌剂活性位点的保护，如含抗菌官能团的酶、多肽、聚胺和有机酸类等抗菌剂。

6.3.3.5　天然抗菌型抗菌膜包装

一些可食性天然抗菌材料，如壳聚糖、ε-聚赖氨酸、山梨酸等，不仅安全无毒，而且作为生鲜食品抗菌薄膜或者涂层，具有良好的抑菌效果。其中壳聚糖和聚赖氨酸分子上所带的氨基阳离子与微生物细胞膜上的磷脂阴离子反应，引起细胞粘连渗漏，从而抑制微生物生长。壳聚糖具有良好成膜性、通透性及抗菌性，以其为基材的包装材料已广泛用于生鲜食品保鲜。

6.3.4　基于环境参数优化与控制的新型贮运技术应用

6.3.4.1　不同环境条件对生鲜产品的品质具有显著的影响

（1）环境温度

温度是影响蔬菜采后寿命最重要的因素。高温会加速蔬菜的成熟、变软，使蔬菜的质地和颜色发生变化，加快微生物和病原菌生长繁殖，引起蔬菜的腐烂，产生异味异臭，风味丧失，营养成分大量损失使蔬菜品质降低。而低温可以抑制蔬菜的呼吸作用和酶的活力、减缓化学反应速率，抑制催熟、软化、组织和色泽的变化引起的蔬菜衰老，抑制微生物和病原菌的生长，防止某些蔬菜的发芽。

（2）环境湿度

生鲜产品贮藏过程中湿度一直都是很重要的因素，湿度高易结露，湿度低则原料水分易挥发，相对湿度是影响贮藏环境稳定性的一个重要因素。研究表明，当把肉放置到一个湿度较高的冷库时，水分会迅速集中到肉的表面，这种现象表明相对湿度对肉的水分含量会有影响，而肌肉中水分的变化会影响蛋白质的氧化和降解，从而使肉的品质发生变化。贮藏环境相对湿度（Relative humidity，RH）也直接影响果蔬的贮运性。贮藏环境 RH 过高容易导致组织败坏和有害微生物繁殖，过低又引起果蔬失水、萎蔫、褪色，并丧失商品性。

(3) 环境气体

环境气体情况对乙烯合成、酶促防御系统和细胞壁酶活性具有显著的影响。乙烯对呼吸跃变型生鲜产品的成熟具有催化作用，较低浓度的乙烯能够有效促进这类生鲜产品的呼吸作用，刺激产品成熟。生鲜产品内部有一系列酶系，气体比例的调节可抑制成熟酶的活性，调节浆果果实的成熟过程，还存在水解细胞壁和促进衰老的酶类。高 CO_2 和低 O_2 对多酚氧化酶（Polyphenol Oxidase，PPO）有抑制作用，因此抑制组织褐变。气体对细胞壁酶活性的影响主要体现在纤维素酶（Cellulase，CS）、果胶甲酯酶（Pectinesterase，PE）及多聚半乳糖醛酸酶（Polygalacturonase，PG）的活性上，通过控制气体成分影响相关细胞壁酶活性进而减缓果实软化的过程。

6.3.4.2 基于环境条件参数控制的生鲜产品贮藏技术

(1) 冷链物流技术

生鲜产品冷链物流是指生鲜产品从田间到餐桌，即产地商品化处理、预冷、冷藏、运输、销售、消费者家庭保鲜各环节，始终处于规定的低温环境下无断链，在保证生鲜产品的质量安全、减小损耗、防止污染的前提下，最大限度地维持生鲜产品的新鲜品质，满足消费者需求的供应技术体系。冷链物流技术相比其他物流技术更为复杂，它需使用制冷技术来预冷和冷藏易腐产品，延长产品的贮藏期和货架期。目前冷链物流保鲜技术是生鲜食品保鲜中使用最普遍最安全的物理技术。

(2) 减压贮藏技术

减压贮藏技术为美国科学家于 1960 年提出，又称为减压冷藏、真空贮藏等。减压贮藏技术分为间断抽气和连续抽气两种类型。前者抽真空、加湿和换气均间断，贮藏压力一般在 10 kPa 以上；后者为连续抽气、连续加湿、连续换气"3 个连续"同时运行，营造持续"低压、高湿、换气"或持续"低压、低温、高湿、换气"的贮藏环境。

(3) 气调贮藏技术

气调贮藏技术通过物理手段保持浆果的稳定性，具有抑制生鲜产品成熟，降低低温冷害和生理损伤，以及长期保持生鲜产品的色香味与品质的特点，是生鲜产品贮藏保鲜方面的研究热点。气调贮藏保鲜技术是指根据生鲜产品的不同生理特点，通过调节贮藏氛围的气体成分，以降低生鲜产品的呼吸强度和酶的活性，从而维持生鲜产品原有的形态、色泽、口感和营养成分，最终生鲜产品的成熟和衰老的方法。气调保鲜贮藏技术分为采用自然降氧的自发气调贮藏（Modified Atmosphere Storage，MA）和采用人工快速降氧的机械气调库贮藏（Controlled Atmosphere Storage，CA）。MA 是指通过生鲜产品自身呼吸代谢来降低环境中的 O_2 含量，提高 CO_2 的含量。主要包括气调包装（Modified Atmosphere Packing，MAP）和塑料薄膜帐硅窗气调，其特点是成本低、易操作，但具有不易控制所需状态，影响贮藏效果的缺点。

6.4 基于诚信监管的生鲜超市体系构建

6.4.1 基于信息透明的生鲜产品安全信息标注体系构建

6.4.1.1 食品安全信息透明度有利于强化生鲜产品的安全供应

消费者在购买商品之前能够通过其感官获知的信息，如商品品牌、生产日期、包装规格等为搜寻品特征；消费者只能在购买商品后通过消费体验才可获知的信息，如商品的舒适度、结实程度等为经验品特征；而消费者即便在商品消费后仍不易获知的信息，如商品的成分、对人体是否有害等为信任品特征。搜寻品、经验品和信任品的信息特征有助于我们梳理供给者和需求者之间如何传递有关商品的信息。

食品安全信息透明度中的信息透明是指利益相关者在获知所需的信息时较为便利，在一定程度上，信息透明的特征之一便是消除了信息不对称问题，而食品安全则是指食品不会对人体健康构成危害。实现食品安全信息透明，不仅可以抑制食品商家的不法行为，而且可以借助利益传导机制促使食品商家的行为更加规范。如果从监管角度考虑食品安全信息透明，那么监管的首要任务之一便是达成食品安全信息透明化。

6.4.1.2　规范诚信的食品安全标注是推动生鲜产品安全信息透明的重要途径

食品质量标签主要是对食品的产地、名称、品质、成分、储运、保质期等相关信息的记录，是食品信息传递的一种有效载体。主要包括食品标签和食品营养标签。食品标签是指食品包装上的文字、图形、符号及一切说明物。包括商标、食品名称、配料清单、净含量和沥干物（固形物）含量、制造者的名称和地址、生产日期或包装日期和保质期、产品标准号及各种质量标志和图形、图案等。食品营养标签是指食品标签上向消费者提供食品营养成分信息和特性的说明，包括营养成分表、营养声称和营养成分功能声称。食品营养标签是食品标签的组成部分。目前，国家鼓励食品企业对其生产的产品标示营养标签。并责成卫生部根据食品营养标签管理规范的实施情况和消费者健康需要，确定强制进行营养标示的食品品种、营养成分及实施时间。食品质量标签同时具有信息功能、形象功能、承诺功能。

（1）食品标签的信息功能

食品标签提供了多种信息，包括产品质量特性和安全特性等。《预包装食品标签通则》（GB7718—2004）规定了预包装食品强制标示的内容，包括：食品名称；配料清单；配料的定量标示；规格、净含量和沥干物（固形物）含量；制造者、经销者的名称和地址；日期标示和贮藏说明；产品标准号；质量（品质）等级；辐照食品、转基因食品等其他强制标示内容。《食品营养标签管理规范》规定食品企业在标示食品营养成分、营养声称和营养成分功能声称时，应首先标示能量及蛋白质、脂肪、碳水化合物、钠4种核心营养素及其含量。

（2）食品标签的形象功能

产品标签通常作为促进品牌形象的工具，食品标签上加印的有关质量标志，反映和代表了企业的形象。近年来，食品包装上常见的质量标志包括"QS""绿色食品""无公害农产品""有机食品""中国名牌产品""中国驰名商标"等，多数企业还将企业通过的有关质量体系认证也标注在食品标签上，如通过HACCP质量体系认证、通过ISO9001质量管理体系认证、通过 ISO22000 食品安全管理体系认证和"保健食品GMP 达标企业"等。

（3）食品标签的承诺功能

食品标签上的各种信息和质量标志，既是品牌的象征，同时也是食品生产企业向社会做出的质量承诺。例如，食品标签标注"QS"标志，说明该食品企业向社会做出"质量安全"的承诺；食品标签标注"绿色食品"标志，说明该食品企业向社会做出"无污染的安全、优质、营养"的承诺；食品标签标注"有机食品"标志的食品，说明该食品企业向社会做出"天然、无污染，符合健康要求"的承诺；食品标签标注"中国名牌产品"标志，说明该食品企业向社会做出"产品质量保证"的承诺。食品标签中的食品配料的定量标示、净含量和沥干物（固形物）含量、日期标示、产品标准号等各项质量指标和如非辐照食品、非基因食品等指标，都是该食品企业向社会做出的各项质量指标的承诺。同样，食品标签中的营养标签则是该食品企业向社会做出的营养成分指标的承诺。

6.4.2 基于失信惩戒机制的生鲜产品销售人员诚信体系构建

6.4.2.1 生鲜产品过程中存在诚信风险

在生鲜产品销售过程中，不诚信会很大程度上影响产品的安全供应，主要包括以下几个方面：

①销售质量不合格的食品。产品以次充好，以假充真，销售不符合国家和行业标准的食品，销售失效、变质的食品等。严重者可致食物中毒，引起身体不适。

②虚假宣传、故意炒作。销售过程中虚假宣传、故意炒作，向消费者传递虚假信息，强买强卖。存在很多不确定性，对人体健康有隐患。

③用非法加工的劣质食品冒充品牌食品。用非法加工的劣质食品冒充品牌食品，逃避市场监管，直接进入市场。严重者可致食物中毒，引起身体不适。

④质量欺诈。对消费者质量欺诈、对其他企业商标侵权和专利侵权。存在很多不确定性，对人体健康有隐患。

⑤利用"品牌身份"欺骗消费者。利用其品牌优势，透支品牌信誉，置消费者利益于不顾，道德缺失。存在很多不确定性，对人体健康有隐患。

（6）产品检验不当、保存不当、放置不当。销售时对产品检验不当、保存不当、放置不当，导致产品出现问题。引起食物变质，可致食物中毒，引起身体不适。

6.4.2.2 失信惩戒机制是构建生鲜产品销售人员诚信体系的基本途径

失信惩戒机制是社会信用管理体系的重要内容，是由所有授信主体共同参与，通过公开行为主体信用记录和信用信息降低不同主体间的信用信息不对称程度，并综合运用经济、行政、法律等配套措施来约束各类社会主体的信用行为，加强社会信用管理的一种制度安排。失信惩戒机制由组织结构、数据、信息系统等要素构成。这些基本要素构成一个惩戒失信主体、奖励守信主体的循环体系，确保失信惩戒机制能及时有效地发挥作用。失信惩戒机制的组织结构包括制定信用标准、惩戒手段并具体实施的相关管理机构、社会组织及其相互关系。

失信惩戒机制主要有惩罚、震慑和奖励三大功能，即对任何行为主体的失信行为进行惩罚，以此对潜在失信者形成震慑和警示，奖励诚实守信的行为主体，对失信主体和潜在的失信主体形成示范带动作用。三大功能中，最主要的是惩罚功能，即对所有失信主体给予实质性的打击，使其深切地感受到失信行为完全是得不偿失，从而再也不敢轻易做出有违诚信的事情。快速有力的失信惩戒机制，必须具备两个基本条件：一是失信行为一旦发生，即能自行实施惩戒；二是应基本囊括经济社会活动中的所有行为主体。

6.5 基于信息公开的生鲜产品安全信息追溯体系构建

6.5.1 生鲜食品供应链内部产品安全信息共享体系构建

6.5.1.1 供应链信息共享的重要性

　　企业信息共享包括内部信息共享与外部信息共享。前者指在企业内部生产、经营、管理活动中的信息交流与传递，包括不同职能部门间的横向信息共享及不同管理层次上的纵向信息共。后者指企业与外界环境间的信息交流与传递，包括企业间为了更好地实现供应链协同而进行的数据交换与传递。供应链信息共享则是指在特定交易过程或合作过程中，不同企业之间的信息交流与传递。信息不对称是供应链与生俱来的特性，供应链协同研究的主要内容之一就是实现信息实时共享的便利化。信息共享能为决策制定者提供相关的精确与及时的信息以支持决策，但同时需要花费时间和精力、占用资源，给不同的参与人带来的收益也有差异。综合组织理论、经济学理论和运作管理理论对协同问题进行了研究与分析，认为产生协同问题的主要原因可归结为私有或不完全的信息、依赖性、分散决策及有限理性与行为问题，主要影响因素则是信息不对称、非中心化与不确定性。3 种不同学科理论一致认为协同存在的问题同决策或运作过程中信息缺乏与信息失真有关，信息分散、信息不充分及信息不对称必然为供应链协同带来重重阻碍。提高信息处理能力，共享并集成信息，降低必要的信息量，促进信息与决策的中心化，同时加强监测和管理，防止信息失真与泄密，这都需要协同各方在必要的信任基础上共享信息。

6.5.1.2 构建生鲜产品供应链内部信息共享平台

　　生鲜产品供应链是由农业、生鲜产品加工业、生鲜产品零售企业和物流配送企业等相关企业构成，是从生鲜产品生产到消费各环节的各利益相关主体所组成的整体，从"农田到餐桌"的全过程，在生鲜产品供应链中以核心企业为中心，对物流、资金流、信息流进行整合和控制，形成由农户、生产商、批发商、零售商及最终用户组成的上中下游的供需网络。生鲜产品安全供应问题是一个多层次的综合性概念，具有较强的交叉性、复杂性及不确定性，供应链任何一个环节出现问题都会导致生鲜产品安全问题的产生。因此，要保障整个流通过程的生鲜产品质量安全就必须建立有效的供应链信息共享和协调机制，在利益共享的基础上加强各节点企业之间的合作，共同解决生鲜产品安全问题。在建立在生鲜产品供应企业与供应链上下游伙伴之间高度信任和相互合作的假设基础上，各企业通过构建供应链信息共享平台，共同解决流通环节中的信息不对称问题，以确保信息共享平台中数据具有较高的可靠性，从而提高数据挖掘结果的可信度。利用条形码、RFID（射频识别）和无线传输技术等，在信息共享平台中记录着食品流通环节的各种数据信息，如产品的流向、数量、类型、运送工具、包装及温度等，记录着发生在供应链相邻两节点之间的订单相关数据，形成有效的生鲜产品供应链内部信息共享平台。

6.5.2 生鲜销售者主导的面向消费者的信息公开体系构建

6.5.2.1 食品生产经营者的信息优势带来的信息获取挑战

相对于食品制造和经营者而言，无论从信息数量、质量还是效性角度看，消费者和监管者始终处于信息劣势地位。食品生产和经营者是问题食品的制造者，直接掌握问题食品的风险信息，而消费者和监管者则需要通过执法检测才能获得这类信息，而且时效性远不及生产和经营者。且食品生产和经营者将食品质量信息视为私有信息或保密信息，缺乏向监管者和合作伙伴直接公开信息的动机，有时出于利益考虑甚至会选择集体沉默。消费者对食品安全问题的担忧实际上是一种对信息的诉求。随着信息公开的理念越来越深入人心，公众对食品安全信息公开的期望值也越来越高。但当前的食品安全信息公开程度无法满足公众的需求。一方面，信息公开不足。及时掌握真实的食品安全信息是法律赋予消费者的权利。从健康权和生存权角度看，消费者有权在第一时间得到食品安全风险的信息。《食品安全法》等法律、法规、规章中对公开哪些涉及食品安全监管的信息有明确规定。但从目前情况看，众多信息并没有得到很好的公开。另一方面，信息公开不及时。食品安全风险具有社会建构性，即食品安全风险具有"社会放大效应"。食品安全风险信息在传递过程中的信息量增大、内容失真、危害性夸大使得远离风险源的消费者获得了层层建构的信息，这种扭曲的信息会导致消费者采取不正确的风险处理方式，甚至容易造成不良的社会经济影响。

6.5.2.2　生鲜销售者主导构建面向消费者的信息公开体系是企业自律保障产品安全的有效途径

企业是生产经营主体，生鲜产品销售企业在生鲜产品安全供应中具有主导地位，生鲜产品销售企业自律具有决定性的意义。生鲜产品销售企业应该根据生鲜产品的性质与安全要求，通过制定内部规章制度和严格的食品安全标准确立社会责任，对自己的生产经营行为进行道德约束，取信于民，赢得社会的信任。勇于承担社会责任是企业自律的体现。生鲜产品销售企业的社会责任体现在多个方面，而保证食品安全与质量是其最基本的内容。从生鲜产品销售企业社会责任的性质来看，社会责任包含了道德和法律双重属性。因为"责任"本身就是一个道德意味浓厚的概念，企业社会责任隐含着企业"出于自由的自我承诺"。所以，道德性是企业社会责任的首要属性。勇于承担道德社会责任的企业必定是正视社会期待的企业，必然会把他人的生命健康放在第一位，这是社会控制所要到达的最高境界，也是自律的高级阶段。同时，企业社会责任还具有法律属性，"责任体系"不仅是一套伦理价值观念，而且还是一套法律制度规范。

员工自律也是安全信息公开的重要组成部分，其与企业自律互为因果，相辅相成。员工是企业组成的最基本元素，企业的任何决定最终都要通过员工个体来实施和完成，员工自律是生鲜产品销售企业自律的前提和基础。所以从根本上讲，不论是对企业的约束还是企业自我约束，归根结底是对内部员工生产经营活动的约束。这就要求生鲜产品销售企业内部的所有员工都要自觉遵守生产操作规范，履行自己的社会责任，带着高度的职业责任感从事生产经营活动，不仅严格要求自己，还应该自觉抵制各种违反生产操作规程的行为，以生产合格、安全的食品为己任。特别是企业管理人员，应当有高度的责任意识，处理好义与利的关系，将食品安全看作是比天大的事情，在食品生产的各个环节严把质量关、安全关，保证不出现任何纰漏和问题。

6.5.3　政府主导的生鲜产品安全信息检测、信息披露体系构建

6.5.3.1　我国已形成了较好的农产品质量安全监测技术体系

近10年来，我国农产品质量安全监测体系建设方面取得了长足的进步。标准、溯源等体系建设步伐加快，检验检测技术研究与产品研发取得突破，全程监管能力显著增强，应急处置水平大幅提升，农产品质量安全、贸易安全和消费安全的保障水平显著提高。

（1）农业标准体系不断完善

"十一五"以来，农业部以保障农产品质量安全为重点，实施标准先行，品牌增效发展战略，建设农业标准化体系，开展标准化生产创建，有力推动了农产品生产方式的转变，促进了中国农业产业化经营和规模化发展。据不完全统计，"十二五"期间，中国已组织制定4140项农药残留限量标准和1584项兽药残留限量标准，基本覆盖了中国主要食用农产品及常用农兽药的品种；制定发布了5121项农业行业标准和1.8万项农业生产技术规范，农业标准体系逐步建立和完善，目前，农业合作社和家庭农场基本能够实现按标生产。

（2）检验监测水平明显提升

通过10余年的发展，中国农产品质量安全检测技术的自主创新能力得到大幅提升，农产品质量安全的监测能力有了明显的提高。以快速、经济、高通量为导向，研发了500余项以农兽药残留为主的残留确证检测技术，开发了以兽药、生物毒素为主的近600余种快速检测产品，国产快速检测产品的市场占有率从"十五"末期的不到10%上升至目前的80%以上。特别是在生物毒素高灵敏检测技术及动物源性农

产品中药物快速检测方面取得了重大突破。其中"动物性食品中药物残留及化学污染物检测关键技术与试剂盒产业化"成果获得 2006 年国家科技进步二等奖；"农产品黄曲霉毒素靶向抗体创制与高灵敏检测技术"与"基于高性能生物识别材料的动物性产品中小分子化合物快速检测技术"分别获得 2015 年国家技术发明二等奖；成果"动物源食品中主要兽药残留物高效检测关键技术"获得 2016 年国家技术发明二等奖。

6.5.3.2　通过政府及时披露获取相关食品安全信息是加强食品安全监管的重要途径

政府在食品安全监管过程中，应以满足社会大众对食品安全信息的需求为基本原则。食品安全监督管理机关应在法律范围和权限范围内主动为社会大众提供食品安全信息以满足社会大众对食品安全信息的需要。主要包括以下食品安全信息内容。

（1）食品安全日常监管信息

行政机关应当及时、全面、准确地公开食品安全监管工作中的相关信息，从而维护公民、法人和其他组织的合法权益。从食品安全日常监管工作的特点看，应当公开的食品安全日常监管信息有特定行政区域的年度食品安全总体状况、特定行政区域的年度食品安全风险监测计划实施情况、特定行政区域的年度食品安全国家标准的制定和修订工作情况、查处食品生产经营违法行为的情况等。

（2）食品生产的供应链信息

食品安全信息内涵广泛，食品日常监督信息仅是其中一种。并且食品日常监督信息中的大多数信息与消费者的直接关联性不强或者虽然具有直接关联性但存在滞后性。例如，查处食品生产经营违法行为可能已经对特定消费者造成了损害。因此，政府在食品安全信息供给时，其范围不仅仅限于食品日常监督信息。实际上，"从田地到餐桌"的所有可能影响消费安全的食品生产的供应链信息都应当公布，具体而言包括：产地的生态环境信息、生产与加工中的农业投入品和工业添加剂信息、流通过程中的详细信息及食品有害残留检测信息。食品生产的供应链信息供给应采取直接与间接提供方式。

（3）食品安全风险评估和风险警示信息

食品安全事故所导致的损害往往与人的生命、健康直接相关，具有不可恢复性。食品安全问题治理的首要目标是"防患于未然"。食品安全风险评估和风险警示信息的及时公开就显得尤为重要。卫生行政主管部门要重点监测食源性疾病、食品污染、食品中的有害因素，对食品中生物性、化学性和物理性危害对人体健康可能造成的不良影响进行科学评估，对于可能具有较高程度安全风险的食品，卫生行政主管部门应当采取应急措施，应立即责令生产经营者采取整改、停产、下架等措施并根据实际情况的需要通过政府网站、政府公报、新闻发布会及报刊、广播、电视等便于公众知晓的方式向社会发布食品安全风险警示，以告诫、提示消费者提高警惕，从而确保消费者的身体健康、生命安全和财产安全免受不必要的侵害。

6.5.4 生鲜产品供应主体主导的生鲜产品安全信息追溯体系构建

6.5.4.1 食品安全追溯系统是保障生鲜产品安全供应的重要方式

食品安全追溯系统能够对食品从原料进厂到生产加工、销售直至最终用户进行无疏漏跟踪，保障食品的安全性；同时，消费者通过该系统可以快捷、有效地获取消费产品的可靠信息；一旦食品质量出现问题，政府可以及时有效召回问题食品，明确责任主体，尽量减少企业损失，解决或缓解食品市场的信息不完全和不对称问题。食品安全追溯系统根据追溯的方向可分为跟踪和回溯。跟踪是沿着食品生产链流动，对原材料到消费者的全程进行控制，以监控食品的质量和安全；回溯是食品生产链的逆向追踪，对消费者到原料的全程进行查询，发现导致食品质量安全问题的源头。根据追溯的内容可分为外部溯源和内部溯源。外部溯源是指产品的溯源项（包括产品、批次及标识等）信息已经确定，企业之间进行的产品信息追溯，是食品链上的"节点管理"；内部溯源是指企业内部对原料进入企业加工到成品出厂的每个环节或工序的信息进行记录，既可向上追溯到原料供应商，又可向下追溯到产品客户，是食品链溯源的基础和关键。

6.5.4.2 生鲜产品供应主体建立食品安全信息可追溯系统可以有效促进生鲜产品的安全供应的意义

一个有效的、低成本的可追溯系统能够把一个问题的范围缩小到供应链一个具体环节，而无须在整个环节中寻找问题的源头，可以减轻与问题无关的环节受到负面经济影响。建立食品生产企业可追溯信息系统，可以对生产全过程进行监督，官方监管机构甚至消费者也可参与到监督中来，从而确保食品安全，最终形成从农田、加工企业、官方监管机构，到最终消费者多方共赢的局面。其体系主要包括以下内容：

①建立生鲜产品供应安全追溯信息管理模型。首先建立食品安全小组，分析确认产品的生产流程，切分为原料、包装材料、产品实现过程、物流几个阶层。通过流程步骤的确认，明确了产品从原料到成品的所有生产环节及各个环节的链接方式，明确了信息流的走向，从而建立起追溯信息的管理模型。

②针对生鲜产品供应的元数据集建立信息编码规范。建立编码规范是完成信息追溯的关键所在，给每个需要查询的信息进行编码，物料有了标识，具备了查询的依据。

③建立企业食品安全追溯数据中心，开发生鲜产品生产安全追溯系统。追溯系统需要建立一个共用数据平台，数据平台的数据化需要建立一定的基础数据，其包括：物料主数据、供应商主数据、客户主数据、物料清单等主数据。

6.6 基于互联网＋的新型生鲜电商供应体系构建

6.6.1 基于大数据的供给侧改革生产体系

6.6.1.1 供给侧改革已经成为生鲜产品安全供应的重要途径

生鲜产品供给与需求弹性低，意味着价格对农产品供给与需求的调节空间较小，回旋余地较窄，可能引发的供给与需求之间的不协调更突出。况且生鲜产品多属鲜活产品，不宜储藏，容易变质。改革开放30多年来，我国农产品卖难与买难经常交替出现，形成这样一个"怪圈"：这一周期农产品卖难，价格猛跌，挫伤农民的生产积极性；下一周期，农民就减少生产，消费者要么买不到农产品，要么价格很高。如果说，在以往农产品供给短缺的年代，或农产品供不应求的年代，矛盾的主要方面是需求，即生产的农产品数量少，不能满足市场需求；那么当前我国农产品供求已经从过去供给紧张向紧平衡转变，某些农产品出现结构性过剩。特别是一般的农产品，大众化的低端农产品，出现结构性的过剩更加严重。矛盾的主要方面是供给。如果说以往的需求侧管理更多的是着眼于解决短期的问题，那么当前正在进行的供给侧结构性改革则是着眼于解决长期性问题，着眼于实现可持续发展。农业供给侧结构改革，关键词两个，即供给结构和改革，通过改革扭曲的政策和制度，或改革扭曲的体制机制，发挥市场在资源配置中的决定性作用，推进农业结构调整，提高农产品供给质量，扩大农产品有效供给，增强农业供给结构对需求结构变化的适应性和灵活性，更好地满足市场和消费者需求。

6.6.1.2 大数据应用有效实现生鲜产品供应链的优化整合

生鲜产品供应链非常复杂，全产业链横跨第一、第二、第三产业，包括农产品种植（养殖）、农产品加工、物流、销售和服务等各个环节，各环节还涉及若干技术和工艺流程，因此，导致全产业链存在冗余环节。产业链不仅是产品产生的过程，更是产品价值创造和实现的过程，产业链越长，其增值效应越明显，产业链从上游向下游价值增值幅度越大，造成了农产品的价格越高，尤其是绿色、有机农产品的价格一直居高不下。通过大数据应用，企业压缩农产品产业链，使整个产业变得扁平化，集中优势资源，删除附加值小的产业链，促进了农产品全产业链资源的快速整合，提高了全产业链的运行效率，壮大了产业链上的核心主体，尤其是农产品龙头企业通过兼并、收购、重组等手段，使产业链上各个参与主体更有序，组织化程度更高，从而压缩产业链中间环节，剔除价值小的产业链，增加基地采购或订单农业，加强政、产、学、研的有效联系，加强科研、孵化、转化的能力，构建标准化物流配送体系，发展多渠道销售平台，解决传统产品产业链中各行业散、乱、小的现状，有利于整合全产业链中优势资源，实施标准化生产，易于农产品质量安全控制，增加农产品价值。

6.6.2　基于保鲜技术驱动的生鲜产品配送体系

6.6.2.1　生鲜产品配送体系是生鲜电商发展的关键性因素

生鲜产品保质时间非常短，运输中容易损耗。即便在传统的超市中，生鲜配送也被公认为最难经营的品类。生鲜难经营的理由在于"鲜"，如何避免商品在运输过程打蔫或者变质，是生鲜电商必须要面对的问题。要保证生鲜商品"鲜"，对生鲜商品的配送时间、配送方式和配送要求必然很高。现有生鲜电商配送体系主要包括以下 4 种。

（1）自建物流模式

自建物流模式是指由网站自己筹资组建物流配送系统，经营管理整个物流运作过程。从消费者网上下订单到货物最终送达到消费者手中，采取的是一体化服务，没有第三者的参与。一般采用仓库与配送点相结合的方式，在网购密集地区建立仓储中心和配送点，各配送点联网接入系统，对配送的全过程全程监控，根据订单地址，就近配送，缩短配送时间。

（2）第三方物流模式

第三方物流是指由第三方物流企业承担企业物流活动的一种物流形态。随着信息技术的发展和经济全球化趋势，越来越多的产品在世界范围内流通、生产、销售和消费，物流活动日益庞大和复杂，而第一、二方物流的组织和经营方式已不能完全满足社会需要；同时，为参与世界性竞争，企业必须确立核心竞争力，加强供应链管理，降低物流成本，把不属于核心业务的物流活动外包出去。

（3）社区式配送模式

社区式配送模式是指消费者网上下单，企业以社区为单位集中进行物流配送的一种新物流模式，它将分散的物流网络集中化，节省人力，节省时间。

（4）便利店＋O2O模式

随着移动互联网的发展，O2O成为目前电商企业和传统企业共同关注的模式。电商企业希望以自身的流量和数据优势与传统企业合作，打造自身的O2O闭环，利用O2O模式将线下和线上融合成一个大的生态体系；而传统线下企业也在思考如何利用电商企业的流量、平台和工具，盘活自身的线上线下销售体系。

6.6.2.2 构建基于新的保鲜技术应用的生鲜产品配送体系是保障生鲜电商效益的关键

当前，中国生鲜产品保鲜与物流技术落后、冷鲜仓储设施少、大部分时间无任何温度控制、在产地存在很大浪费等问题一直困扰着众多商家，是导致我国鲜活农产品电商整体盈利不佳的主要原因。"最后一公里"的配送问题成为生鲜电商最短的那块短板。生鲜电商要求全程冷链物流配送，这个过程极其烦琐，涉及冷藏箱、冷冻箱、冰盒等诸多温控环节，只要某一细节出现问题，商家就要承担更高的成本和风险。在传统电商的概念中，第三方物流主要任务就是快捷送货，但生鲜电商为其增加了新的使命，配送生鲜产品需要相关专业设备，要求很高，同时，并不是所有电商都有能力自建物流系统，于是，物流就成了生鲜电商的第一大难题，而新的保鲜技术应用是解决这一难题的主要方式，气调技术、产地保鲜体系及标准化加工等技术是构建生鲜产品配送体系的主要方法。

6.6.3 基于线上线下联动的生鲜产品新零售供应体系

6.6.3.1 传统零售业和纯粹电商对于生鲜产品供应而言均存在不足

首先，传统零售业步入困境。近年来，由于电子商务在我国迅速崛起，传统的实体生鲜店、超市等业态受到极大的冲击，很多处于持续亏损状态，导致很多零售企业倒闭。在这种严峻的情况下，传统零售企业相对于电商而言一直面临着成本高、竞争大、回报低、扩张难等问题；另外，随着信息时代步伐的加快，人们对于消费有了新的要求，便利省时成了更为重要的考虑因素之一，这给生鲜电商带来了新的"灵感"，生鲜电商也将再次成为生鲜界的一片"蓝海"。其次，电商的局限性凸显，发展遭遇瓶颈期。生鲜电商的诸多优势显而易见，却也给传统零售带来了致命的打击，同时，电子商务自身也存在诸多缺陷，这也制约了其发展。第一，和传统实体店不同的是电商没有实体经营场所，导致消费者的信任度不高，消费的弹性也就无法保证，不能给消费者一个良好的用户体验平台；第二，生鲜类果蔬本身不易贮藏的特性及对于物流的高要求使之很难满足消费者对于蔬菜高新鲜度的要求；第三，生鲜电商的物流成本居高不下；第四，生鲜电商的货物损耗要高于传统生鲜企业。总之，传统生鲜电商纯线上带来的用户体验不足等，倒逼着其向线下寻求可能。

6.6.3.2　基于线上线下深度融合的新零售供应方式是保障生鲜产品安全供应的重要趋势

生鲜产品新销售由纯线下、纯线上向线上、线下和强物流的高度融合。采用线下业务为辅、线上业务为主的一体化运作模式，并相比传统生鲜零售增加了体验互动、物流配送、粉丝运营等功能；有些新零售的实践者将线下做了会员店、支付宝店等多个分类，如盒马鲜生。另外，尽量做到线上线下同一个价，线上线下同效率。生鲜新零售就是通过线上线下互动融合的运营方式，将电商的优势发挥到实体零售中，让消费者既能得到线下"看得见摸得着"的体验优势，又能享受电商的优惠价格。主要有以下3种模式。

（1）线下企业发展至线上模式

此发展模式应用较为广泛的是传统商超企业，依托其线下长期发展所积累的资源，进军生鲜电商领域，迅速占领本地生鲜业务。该种模式对于生鲜电商业务的发展有以下优势：①信任优势。企业通过长期线下发展，为本地客户提供各种服务，已经在用户中获得较好的口碑，其推出的生鲜电商业务能在短期内聚集较多用户，并获得其信任。②产业整合优势。此种模式下的企业，由于其发展历史悠久，涉及业务广泛，因此能更好地整合物流、农场、产品等各方资源，建立全服务链、全产业链的网络体系，从而能通过其电商平台为消费者提供更快、更便宜、质量更有保障的生鲜产品。

（2）线上企业延伸至线下模式

此种模式对于生鲜电商企业的发展有以下优势：①体验优势。电商经过多年的快速发展，消费者接受度已得到了巨大的提升，但其与线下企业相比，仍然有体验差、售后困难等问题。而这些问题在生鲜电商企业发展中显得尤为突出。因此，很多生鲜电商在其线上业务发展到一定规模后，慢慢开始着力于线下渠道的建设，以此来增加用户体验，进一步促进其线上消费。②配送优势。在生鲜电商中，"最后一公里"始终是企业难以解决的问题。而生鲜产品难储存、易变质的特性，使得生鲜电商的配送成本居高不下。而线下渠道的构建，不仅能加快生鲜产品的配送速度，还能丰富用户提货方式，减少企业配送成本。

（3）线上线下企业合作模式

该种模式对于生鲜电商的发展具有以下优势：①消费优势。智能互联网冰箱的大数据系统，能为用户提供定制的产品推荐清单，并直接通过冰箱预定生鲜产品，从而实现场景化消费。此种方式能帮助生鲜电商了解用户消费习惯、提升用户体验、提高用户忠诚度，促进用户的重复消费。②配送优势。对于生鲜电商配送难问题，此种模式能通过向用户推荐产品，提高客单价，并利用"集单优势"，降低产品配送成本。③质量优势。生鲜电商建立自己的质量检测体系，注重非标准产品的标准化建设，并严格把关品控环节，从生鲜产品源头把握产品质量。同时，建立了独立的供应体系和专业的物流配送公司，保障了产品在流转环节的安全。

参 考 文 献

[1] 黄挺. "三产融合"助推农业现代化 [J]. 江苏农村经济, 2016 (3): 24 – 26.

[2] 吕军书, 贾威. "三权分置"制度下农村土地流转失约风险的防范机制研究 [J]. 理论与改革, 2017 (6): 181 – 188.

[3] 高艳, 王蕾, 李征, 等. "互联网 + 农业": 重构农产品全产业链发展模式 [J]. 世界农业, 2017 (12): 11 – 17.

[4] 李里特. 中国产地农产品初加工的现状及建议 [J]. 农业工程学报, 2012, 28 (1): 7 – 10.

[5] 刘鹏举, 马云倩, 郭燕枝. 中国农产品农药残留现状及其对出口贸易的影响 [J]. 中国农业科技导报, 2017, 19 (11): 8 – 14.

[6] 钱永忠, 金芬, 郑床木. 中国农产品质量安全现状与技术发展趋势 [J]. 农学学报, 2018 (1): 203 – 206.

[7] 钟凯, 韩蕃璠, 姚魁, 等. 中国食品安全风险交流的现状、问题、挑战与对策 [J]. 中国食品卫生杂志, 2012, 24 (6): 578 – 586.

[8] 邓良平. 中药材产地干燥初加工困境与对策 [J]. 农产品加工 (学刊), 2012 (2): 121 – 123.

[9] 梁辰浩, 夏颖翀. 产业融合创意休闲农业旅游研究: 以浙江休闲农业旅游为例 [J]. 社会科学家, 2016 (5): 85 – 89.

[10] 刘京. 产地预冷: 农产品"最先一公里"的重要保障 [J]. 物流技术与应用, 2017 (13): 14 – 16.

[11] 马静. 以利益诉求为导向的农产品供应链主体与发展建议 [J]. 现代农业科技, 2012, No. 573 (7): 390 – 391.

[12] 农志荣, 黄卫萍, 黄夏, 等. 以食品标签为纽带, 构建食品安全质量联盟 [J]. 食品安全质量检测学报, 2011, 02 (1): 32 – 38.

[13] 蔡淑琴, 梁静. 供应链协同与信息共享的关联研究 [J]. 管理学报, 2007, 4 (2): 157 – 162.

［14］杨轲．保护人民"舌尖上的安全"探析：基于农产品行业诚信的视角［J］．农村经济与科技，2017（23）．

［15］王中亮，石薇．信息不对称视角下的食品安全风险信息交流机制研究：基于参与主体之间的博弈分析［J］．上海经济研究，2014（5）：66－74．

［16］元文礼，王新．养殖业滥用抗生素危及食品安全［J］．生产力研究，2012（9）：47－48．

［17］曹泽容．养殖投入品现状及监管措施［J］．畜牧兽医科技信息，2017（9）：36－37．

［18］廖贤．农业标准化与农产品质量分等分级［J］．食品安全导刊，2017（12）：58．

［19］李国祥．农业这条船要向"优质优价"调头［J］．农村工作通讯，2017（3）：51．

［20］刘嫦娥，胡波，吴敏，等．农产品农药残留的危害与预防［J］．现代农业科技，2012（14）：290．

［21］李里特．农产品标准化是现代农业和食品安全的基础［J］．标准科学，2009（1）：18－21．

［22］李怀斌，陈建勋．农产品流通的诚信缺失与中介组织建设［J］．市场营销导刊，2005（1）：24－27．

［23］柯杨，马瑜，李勃，等．农产品质量安全现状及其检测与追溯技术研究进展［J］．食品工业科技，2017（24）：315－319．

［24］袁广义．农产品质量等级规格评定探讨［J］．农产品质量与安全，2016（4）：23－27．

［25］解安，周英．农村三产融合的学理分析［J］．学习与探索，2017（12）：155－159．

［26］那辉．农药化肥过度使用令人忧：出实招延长土壤寿命改善土壤质量［J］．中国人大，2017（15）：47．

［27］李翠．农药残留的现状及治理对策［J］．现代农业科技，2010（1）：171－172．

［28］郑永权．农药残留研究进展与展望［J］．植物保护，2013，39（5）：90－98．

［29］张子轩．冲破生鲜技术壁垒［J］．农经，2015（12）：88－91．

［30］郑先章，郑邺，熊伟勇．减压处理保鲜技术研究与应用前景［J］．保鲜与加工，2017（3）：124－128．

［31］李冰，李苗云，赵改名，等．动态湿度变化对生鲜鸡肉品质的影响［J］．河

南农业大学学报, 2016 (4): 521 - 527.

[32] 王峻. 动物性食品中兽药残留的危害及其原因探究 [J]. 农业与技术, 2017 (18): 192.

[33] 史常亮, 李赟, 朱俊峰. 劳动力转移、化肥过度使用与面源污染 [J]. 中国农业大学学报, 2016, 21 (5): 169 - 180.

[34] 张磊, 宋凤斌, 崔良. 化肥施用对土壤中重金属生物有效性的影响研究 [J]. 中国生态农业学报, 2006, 14 (4): 122 - 125.

[35] 刘远坤. 商品化是我国农业转型的基础 [J]. 北京农业, 2002, 29 (12): 50 - 52.

[36] 王皙玮, 王秋红, 於丽华. 土壤重金属污染及对生物体影响的研究进展 [J]. 中国农学通报, 2017, 33 (19): 86 - 92.

[37] 汪普庆. 基于"连坐制"的食品安全治理研究 [J]. 理论月刊, 2016 (3): 93 - 97.

[38] 刘刚. 基于互联网的食品安全风险治理研究: 信息工具视角 [J]. 山西农业大学学报 (社会科学版), 2016, 15 (10): 740 - 744.

[39] 符艳. 天天超市生鲜品冷链物流质量控制研究 [J]. 现代经济信息, 2017 (11).

[40] 李妍琳. 天然食品防腐保鲜剂的发展现状及前景 [J]. 粮食流通技术, 2015 (23): 40.

[41] 杨姝, 张永恒, 徐静. 失信惩戒机制的构建路径思考 [J]. 重庆理工大学学报 (社会科学), 2014, 28 (12): 75 - 79.

[42] 王常伟, 顾海英. 市场 VS 政府, 什么力量影响了我国菜农农药用量的选择 [J]. 管理世界, 2013 (11): 50 - 66.

[43] 司琦, 胡文忠, 姜爱丽, 等. 常见浆果气调贮藏保鲜技术的研究进展 [J]. 食品工业科技, 2017 (24): 330 - 333.

[44] 王冀宁, 王磊, 陈庭强, 等. 我国乳制品销售环节的食品安全信息透明度的研究 [J]. 情报杂志, 2017, 36 (7): 168 - 175.

[45] 朱明. 我国农产品产地初加工现状与发展路径思考 [J]. 农业工程技术 (农产品加工业), 2014 (4): 10 - 12.

[46] 王存波, 程玉兰, 李翠芹. 我国农产品质量安全检测体系建设现状及存在问题 [J]. 安徽农业科学, 2016, 44 (31): 30 - 33.

[47] 杨丽伟. 我国冷链物流现状及发展趋势分析 [J]. 现代商贸工业, 2018 (1): 29 - 30.

［48］ 王兆华，褚庆全，王宏广. 我国现代农业发展主体的利益诉求差异性分析与
均衡策略［J］.特区经济，2012（6）：148－150.

［49］ 杨卫东，李丽秀，王文生. 我国生鲜农产品物流保鲜中存在的问题及对策［J］.
保鲜与加工，2009，9（5）：1－3.

［50］ 莫璋红，吴丽丽，阮建明，等. 我国食品安全可追溯系统及在乳制品中的应
用［J］.安徽农业科学，2017，45（12）：203－206.

［51］ 钟锋，刘新华，李继文，等. 我国食用农产品包装发展方向研究［J］.食品
安全导刊，2012（9）：42－44.

［52］ 王夏阳，陈功玉. 技术变革对供应链管理的影响：以 RFID 技术应用为例［J］.
科技管理研究，2006，26（1）：76－80.

［53］ 贾江雁，李明利. 抗生素在环境中的迁移转化及生物效应研究进展［J］.四
川环境，2011，30（1）：121－125.

［54］ 张兆顺，窦宝棠，白应利，等. 抗生素饲料添加剂在畜牧业生产中过度使用
的危害及对策［J］.陕西农业科学，2012，58（3）：127－128.

［55］ 姜楠楠，陈小亮. 抗菌膜在食品包装中的应用及发展趋势［J］.塑料包装，
2016，26（4）：21－23.

［56］ 钟智利，闫立萍，丁岩. 推进农村三产融合发展　促进农民增收［J］.辽宁
农业科学，2016（6）：63－64.

［57］ 王震，唐欣. 推进农民教育培训的机制与路径：基于农业龙头企业的视角［J］.
高等农业教育，2014（1）：111－114.

［58］ 付军杰. 新型物理保鲜技术冷却肉保鲜中应用的研究进展［J］.肉类研究，
2010（11）：47－50.

［59］ 喻旺元. 新型职业农民培育工程促进产业化发展作用与思考［J］.现代商贸
工业，2017（14）：73－74.

［60］ 闫红果. 新形势下农民诚信道德失范及其优化路径研究［J］.农业部管理干
部学院学报，2017（2）：84－87.

［61］ 朱焕焕. 新零售成为传统生鲜电商转型升级的风向标［J］.蔬菜，2018（1）：
1－5.

［62］ 邢维芹，冉永亮，梁爽，等. 施肥对土壤重金属的影响研究进展［J］.河南
农业科学，2010（5）：129－133.

［63］ 汪红明. 旌德县茶产业"一、二、三产"融合发展做法与思考［J］.茶业通
报，2017，39（3）：114－116.

［64］ 肖小虹. 构建中国农业产业链利益协调机制［J］.天府新论，2013（1）：

73 – 76.

[65] 周汉军，龚吉军，王挥，等．果蔬天然保鲜剂研究现状及进展［J］．食品工业科技，2014，35（22）：376 – 382.

[66] 徐丰华，薛珺君，何英蕾．标准化视角下生鲜电商产品质量风险控制建议［J］．标准科学，2017（2）：89 – 92.

[67] 王世清，姜文利，李凤梅，等．气调库与气调贮藏保鲜技术［J］．粮油加工，2008（10）：124 – 127.

[68] 杨方，胡方园，景电涛，等．水产品活性包装和智能包装技术的研究进展［J］．食品安全质量检测学报，2017，8（1）：6 – 12.

[69] 胡述楫．浅谈农产品质量分等分级标准的制定［J］．农产品质量与安全，2004（1）：21 – 22.

[70] 陈朝宁．浅谈如何实现化肥零增长［J］．化工管理，2016（31）：79 – 80.

[71] 苏文婷．消费心理引导下的农产品包装设计元素分析［J］．巢湖学院学报，2016（2）：98 – 102.

[72] 胡晓亮，沈建．淡水鱼天然保鲜剂的研究进展［J］．现代食品科技，2013（4）：925 – 931.

[73] 朱凤娟，袁尚勇，邱正明，等．湖北省蔬菜"两减"增效集成栽培技术［J］．长江蔬菜，2017（11）：31 – 33.

[74] 王若天，张志祥．物理保鲜技术在果蔬贮运中的应用［J］．河南农业，2017（29）：38 – 39.

[75] 吴昌术，王凯杰．物理保鲜技术在鲜切果蔬保鲜加工中应用的研究进展［J］．农产品加工月刊，2017（7）：55 – 58.

[76] 鲁湘玉．生鲜电商线上线下整合模式研究：以二线城市生鲜电商为例［J］．农业展望，2017，13（6）：80 – 83.

[77] 郑州日报．生鲜电商缘何忧伤：难保鲜、难管理、难信任［J］．商场现代化，2014（16）：16.

[78] 朱湘晖，胡雄鹰，张宗祥．生鲜电子商务物流配送模式的比较［J］．物流技术，2015，34（3）：17 – 19.

[79] 励建荣．生鲜食品保鲜技术研究进展［J］．中国食品学报，2010，10（3）：1 – 12.

[80] 郜海燕，陈杭君，穆宏磊，等．生鲜食品包装材料研究进展［J］．中国食品学报，2015，15（10）：1 – 10.

[81] 佚名．畜牧养殖中兽药残留有那几种种类［J］．江西饲料，2016（2）：51.

［82］陈敏艳，王香敏，朱弘，等．畜禽产品兽药残留危害现状与分析［J］.动物医学进展，2012（9）：109－112.

［83］汤晓艳，郑锌，王敏，等．畜禽产品兽药残留限量标准现状与发展方向［J］.食品科学技术学报，2017，35（4）：8－12.

［84］路征．第六产业：日本实践及其借鉴意义［J］.现代日本经济，2016（4）：16－25.

［85］严灿，刘升，贾丽娥，等．蔬菜冷链物流技术研究进展［J］.食品与机械，2015（4）：260－265.

［86］董士昙．论企业自律及食品安全发展机制［J］.山东警察学院学报，2014，26（4）：102－108.

［87］许经勇．论农产品流通与农业供给侧改革［J］.厦门特区党校学报，2016（1）：1－5.

［88］汤红兵，刘绍军．论消费者食品安全意识的特点与作用［J］.农产品加工（学刊），2008（10）：68－70.

［89］潘丽霞，徐信贵．论食品安全监管中的政府信息公开［J］.中国行政管理，2013（4）：16，31－33.

［90］孙胜枚，李叶菊．调味品食品安全追溯系统的建立与应用［J］.农产品加工，2016（12）：72－75.

［91］曾云珍，曾昭平．谈谈我国兽药残留现状及应对策略［J］.江西畜牧兽医杂志，2017（5）：5.

［92］张望舒，郑金土，陈秋燕，等．贮藏环境湿度对采后杨梅果实品质的影响［J］.果树学报，2010，27（2）：251－256.

［93］王毅，张雄．资本下乡后形成的农业组织模式及治理［J］.会通讯，2016（32）.

［94］李政，彭巧云．连锁超市农产品安全问题研究［J］.中国市场，2015（21）：91－93.

［95］李燕川．连锁超市生鲜经营损耗及控制管理［J］.中外企业家，2016（35）.

［96］徐助胜．连锁超市食品安全存在的问题及对策［J］.商场现代化，2012（25）：15－16.

［97］于旭华．降低猪饲料中抗生素使用的策略［J］.广东饲料，2016，25（11）：42－45.

［98］李瑞法，范光辉，楚伟．食品中的微生物控制及其研究进展［J］.粮食与食品工业，2014，21（1）：55－58.

[99] 何静,刘杰,张听蕾. 食品供应链安全诚信风险识别与评估 [J]. 中国乳品工业, 2016, 44 (7): 36 – 40.

[100] 金海水,魏国辰. 食品可追溯信息及其有效传递 [J]. 中国流通经济, 2014, 28 (2): 97 – 102.

[101] 陈小川,鲁梦琪,贺威. 食品安全法律制度引入"连坐制"的必要性 [J]. 商场现代化, 2013 (13): 77 – 78.

[102] 陈涛. 食品安全问题的原因与对策分析 [J]. 食品安全导刊, 2017 (18): 26.

[103] 吴迪. 食品安全领域惩罚性赔偿制度研究 [J]. 法制与经济, 2017 (12).

[104] 王晶,岳慧丽. 食品流通环节安全保障策略研究 [J]. 科技管理研究, 2017, 37 (8): 237 – 242.

[105] 梁露,龚杰. 食品添加剂的安全性问题与发展对策 [J]. 科技创新导报, 2016 (7): 82 – 83.

[106] 卢斌斌,毛健,孙世豪. 食品添加剂的风险评估 [J]. 河南工业大学学报 (自然科学版), 2012, 33 (5): 103 – 106.

[107] 李煜,胡洪林,周永圣. 鲜活农产品冷链物流研究 [J]. 中国市场, 2015 (15): 78 – 80.

图书购买或征订方式

关注官方微信和微博可有机会获得免费赠书

淘宝店购买方式：

直接搜索淘宝店名：**科学技术文献出版社**

微信购买方式：

直接搜索微信公众号：**科学技术文献出版社**

重点书书讯可关注官方微博：

微博名称：**科学技术文献出版社**

电话邮购方式：

联系人：王　静

电话：010-58882873, 13811210803

邮箱：3081881659@qq.com

QQ：3081881659

汇款方式：

户　名：科学技术文献出版社

开户行：工行公主坟支行

帐　号：0200004609014463033